한국
의

세계
유산

1995

2010

문화재청
302-701 대전광역시 서구 선사로 139번지 정부대전청사 1동
전화 042-481-4650
www.cha.go.kr

기획	국제교류과
총괄	국제교류과장 이경훈
진행	국제교류과 박희웅, 박선영
글	박종분, 이은희
사진	국립중앙박물관, 국립문화재연구소, 김성철, 문화재청, 서울대학교 규장각한국학연구원, 수원화성박물관, 아름지기, 이미지뱅크, 제주특별자치도, 종묘관리소, 창덕궁관리소, 청주고인쇄박물관, 타임스페이스, 한국관광공사, 한독의학박물관, 해인사

1995-2010 한국의 세계유산

초판 1쇄 발행일 2010년 12월 27일
초판 2쇄 발행일 2011년 11월 30일

엮은이	문화재청	편집	강승훈, 김선미
펴낸이	김효형	디자인	이기준, 최혜진
펴낸곳	(주)눌와	마케팅	최은실
등록번호	1999. 7. 26. 제10-1795호	종이	정우페이퍼
주소	서울시 마포구 성산동 617-8, 2층	출력	한국커뮤니케이션
전화	02-3143-4633	인쇄	미르인쇄
팩스	02-3143-4631	제본	효성바인텍
홈페이지	www.nulwa.com		
전자우편	nulwa@naver.com		

ISBN 978-89-90620-48-4 04910
978-89-90620-47-7 (세트)

한국의 세계유산

World
Heritage
in
Korea

1995
—
2010

문화재청 엮음

눌와

한국의 유산에서 세계의 유산으로

세계유산 · 인류무형유산 · 세계기록유산

세계유산의 탄생

이집트의 아부심벨 신전은 피라미드와 함께 고대 이집트 문명의 눈부심과 자신감을 그대로 보여주는 매우 중요한 유적이다. 암벽을 깎아 거상을 만들고 바위 속을 60여 미터 파고들어 만든 신전으로, 입구를 지키는 석상의 입술만 1미터에 달할 정도로 규모가 크고, 이집트 역사상 가장 강력한 왕이었던 람세스 2세(재위 기원전 1301~기원전 1235)가 만든 3000여 년 전의 고대 유적임에도 보존 상태가 좋다. 자체로 충분히 주목받을 유적이지만, 그 유명세를 더할 수 있었던 것은 수몰 위기에서 구조된 이후이다.

1950년대 이집트는 나일강에 아스완 하이댐을 건설하기로 결정했다. 심각한 전력난을 해소하고 안정적인 수자원을 확보하기 위함이었다. 그런데 아부심벨 신전의 수몰이 큰 걸림돌이 되었다. 이집트는 1959년 유네스코에 도움을 요청하였고, 이는 곧바로 국제사회에 큰 반향을 불러일으켰다. 수몰 위기에 처한 고대 유적 구조에 뜻을 모은 50여 개국이 모금에 참여하는 열의를 보였고, 유네스코는 1963년부터 약 4년 동안 아부심벨 신전을 원형 그대로 옮기는 작업에 적극 나섰다. 마침내 아부심벨 신전은 1000여 조각으로 절단되어 원래 위치보다 약 70미터 더 높은 지역으로 옮겨졌다.

국제사회는 수몰 위기의 아부심벨 신전을 구해낸 일을 계기로 인류사적으로 중요한 유산을 상시 보호할 수 있는 범세계적 체제의 필요성을 절감하였다. 이에 유네스코는 1972년 11월 '세계유산협약'을 채택하고, 인류가 함께 공유하고 보호해야 할 문화유산과 자연유산을 목록화하여 이를 보호, 보존하는 사업을 꾸준히 펼쳐 왔다. 오늘날 국제사회의 문화유산 보호 활동을 선도하고 있는 세계유산협약은 유네스코가 제정한 협약 중 가장 높은 관심을 받는 국제 협약으로 발전하였다.

자긍심을 높여주는 세계유산World Heritage

세계유산협약은 '선조로부터 물려받아 오늘날에도 그와 더불어 살고 있으며 앞으로 후손들에게 물려주어야 할 자산으로서, 다른 어느 것으로도 대체할 수 없는 삶과 영감의 원천이 되는 것'을 '유산'으로 정의하고, 특정 소재지와 상관없이 모든 인류에게 속하는 보편적인 가치를 지니는 것에 대해 '세계유산'이라는 특별한 개념을 부여하였다.

'탁월한 보편적 가치'를 갖고 있는 부동산 유산을 대상으로 하는 유네스코 세계유산은 크게 '문화유산'과 '자연유산'으로 나뉜다. 문화유산과 자연유산의 속성을 함께 갖춘 유산에 대해서는 '복합유산'이라는 이름을 붙이고 있다.

2010년 8월 현재 세계유산협약에 가입한 나라는 187개국이며, 문화유산 704점, 자연유산 180점, 복합유산 27점을 포함하여 총 911점이 유네스코 세계유산으로 등재되어 있다. 세계유산협약에 가입한 각국 정부가 세계유산으로 등재하고자 하는 유산을 유네스코 세계유산센터에 잠정목록으로 등재한 뒤, 세계유산 등재 신청서를 내면, 유네스코 세계유산센터는 자문기구인 국제기념물유적협의회ICOMOS와 세계자연보전연맹IUCN 등의 현지 조사 및 평가 등 논의를 바탕으로 세계유산 등재 여부에 대한 권고 의견을 세계유산위원회에 제출하여 세계유산 등재 여부를 최종 결정한다.

우리나라는 2010년 12월 현재 석굴암·불국사, 해인사 장경판전, 종묘, 창덕궁, 화성, 경주역사유적지구, 고창·화순·강화 고인돌 유적, 조선왕릉, 한국의 역사 마을 하회와 양동을 문화유산에 등재시켰으며, 2007년 제주 화산섬과 용암동굴을 자연유산에 등재하였다.

세계유산 보존 의무

세계유산 등재는 해당 유산이 어느 특정 국가 또는 민족의 유산을 떠나 인류가 공동으로 보호해야 할 가치가 있는 중요한 유산임을 증명하는 것이다. 세계유산에 등재되면 유산 보호에 필요한 다양한 형태의 국제적 지원을 받을 수 있다. 무엇보다 중요한 것은 세계유산이 소재한 지역 및 국가의 자긍심이 고취되고, 유산의 가치를 재인식함으로써, 더 이상 유산이 훼손되는 것을 막고, 가능한 원상태로 보존하는 데 도움을 받을 수 있다는 점이다. 국제적인 지명도가 높아지면서 국제적인 관광 명소로 부각되는 이점 또한 크다.

이점도 있지만, 유산의 관리 책임을 충실히 해야 하는 의무도 함께 져야 한다. 세계유산협약 당사국들은 자국 내 세계유산 보존 상태와 보호 활동에 관하여 정기적으로 세계유산위원회에 보고할 의무를 가지며, 세계유산위원회는 이 보고를 통해 유산의 상태를 평가하고 문제가 있을 경우 어떤 조치를 취할 것인지 결정한다. 그 조치 가운데 하나가 해당 유산을 위험에 처한 세계유산 목록에 포함시키는 것이다. 2010년 8월 현재 위험에 처한 세계유산 목록에 등재된 유산도 34점(문화유산 16점, 자연유산 15점)에 이른다.

그런가 하면 세계유산 목록에 포함되었다 하더라도 고유의 특성을 잃을 정도로 훼손이 된 경우 등재된 세계유산을 삭제 조치할 수 있다. 오만의 오릭스 보호 지역은 세계유산으로 등재되었다가 2007년에 삭제되었다. 오만 정부가 개발을 우선시하며 보호 지역의 약 90퍼센트를 제거했기 때문이다.

탁월한 보편적 가치를 인정받은 유산에 대한 자긍심과 함께 더 많은 관심과 의무로서 보존의 책임을 충실히 지켜나갈 때 비로소 세계유산을 보유할 자격을 가진다 하겠다.

인류무형유산Intangible Cultural Heritage of Humanity

국제사회의 유산 보호 활동이 건축물 위주의 유형 문화재에 치우친 듯한 느낌을 지울 수 없다. 하지만 유네스코는 오래전부터 무형유산의 가치를 인식하고, 무형유산의 보호에도 큰 관심을 가져왔다.

1989년에는 '전통 문화 및 민속 보호에 관한 유네스코의 권고', 1994년에는 '인간문화재사업'을 시작하였으며, 1997년에는 '인류 구전 및 무형유산 걸작 선정 사업'을 결정하고, 2001년, 2003년, 2005년 모두 세 차례에 걸쳐 70개국의 90건을 인류 구전 및 무형유산 걸작으로 선정한 바 있다. 우리나라의 종묘제례 및 제례악, 판소리, 강릉단오제도 이때 무형유산 걸작으로 선정되었다.

이후로 무형유산의 중요성에 대한 국제사회의 인식이 커지자 2003년 유네스코는 기존의 권고나 유네스코 문화 분야 내부 사업이었던 무형유산 걸작 선정 사업보다 훨씬 강력한 보호 규범을 만들었다. 세계유산과 마찬가지로 정부간 협약인 '무형유산 보호 국제협약'을 채택한 것이다. 새로운 협약에 따라 기존에 선정되었던 무형유산 걸작들은 인류무형유산 대표 목록에 통합되었다.

우리나라는 2005년 무형유산 보호 국제협약에 가입하였으며, 종묘제례 및 종묘제례악, 판소리, 강릉단오제 이외에 강강술래, 남사당놀이, 영산재, 제주칠머리당영등굿, 처용무, 가곡, 대목장, 매사냥 등 총 11건을 인류무형유산에 등재하였다.

무형유산은 그 성격상 세대 사이에 전승되면서 버려지는 것이 있는가 하면 새로운 것이 추가되기 때문에 본래대로의 상태가 그대로 유지되기가 어렵다. 세계유산과 달리 무형유산을 '보호한다to safeguard'는 것은 유산의 원상태를 지키는 것이 아니라 다음 세대에 전승시키는 것을 의미한다. 유네스코에서는 무형유산을 효과적으로 전수하기 위해서는 무형유산을 다음 세대에 전수해줄 장인匠人이 그 활동을 유지할 수 있는 환경을 만들어주는 것이 중요하다고 판단하며, 무형유산 보호 협약 가입국에 이에 대한 다방면의 지원을 적극 권장하고 있다.

세계기록유산Memory of the World

한편 유네스코는 인류의 문화를 계승하는 중요한 유산인데도 훼손되거나 영원히 사라질 위험에 있는 기록유산의 보존과 이용을 위하여, 기록유산의 목록을 작성하고 효과적인 보존 수단을 강구하기 위해 1995년부터 세계기록유산 사업을 펼치고 있다.

우리나라는 훈민정음을 비롯하여 조선왕조실록, 직지심체요절, 승정원일기, 조선왕조의궤, 해인사 고려대장경 및 제경판, 동의보감 등 총 7점을 세계기록유산에 등재하고 있다.

우리의 삶과 영감에 힘을 실어주는, 한국의 세계유산

발간사

석굴암과 불국사가 없는 경주라든지, 한라산이 없는 제주, 궁궐과 종묘가 없는 서울을 상상할 수 있을까요? 마찬가지로 앙코르와트가 없는 캄보디아, 만리장성이 없는 중국, 피라미드가 없는 이집트, 베르사유 궁전이 없는 프랑스도 떠올리기가 쉽지 않습니다.

어느 나라든지 잘 보존하여 후대에 남기고 싶은 자부심의 대상이 되는 것들을 가지고 있습니다. 그것은 장소일 수도 있고 사물 또는 경관일 수도 있습니다. 우리는 그것을 '국가유산'이라고 부릅니다. 국가유산은 그 나라의 긍지가 될 뿐만 아니라 그 나라 사람들의 삶과 영감의 원천이 됩니다. 국가유산은 자신이나 자신이 속한 나라의 역사와 문화의 정체성을 인식하게 하고, 나아가 다른 나라의 문화와 역사를 알게 합니다. 이러한 소통을 통해 우리는 인류의 평화 공존과 지속 가능한 발전에 대해 진지하게 생각하게 됩니다.

국제사회는 각 나라의 유산들을 보호하기 위한 국제적 장치를 만들었습니다. 1972년 유네스코 총회에서 채택한 '세계 문화 및 자연유산의 보호에 관한 협약'이 그것입니다. 각 나라의 유산을 '세계유산'이라는 특별한 개념으로 묶은 것은 이 유산들이 특정 소재지를 뛰어넘어 모든 국가 모든 인류에게 기준이 되는 탁월한 보편적인 가치를 지니고 있기 때문입니다.

우리나라는 1995년 처음으로 석굴암·불국사, 해인사 장경판전, 종묘를 세계유산 목록에 등재시킨 이래, 2010년 12월 현재까지 총 10건을 세계유산 목록에 등재시켰고, 인류무형유산 11건, 세계기록유산 7건의 우리 유산을 등재시켰습니다.

각 국의 많은 사람들이 세계유산 목록에 등재된 자국의 유산을 통해 일체감을 갖는 것처럼 우리 역시 세계유산 목록에 등재된 우리의 유산과 이를 창조해낸 높은 문화 능력에 대해 강한 자부심을 갖습니다.

2007년 8건의 세계유산과 6건의 세계기록유산, 3건의 인류무형유산으로《한국의 세계유산》을 발간한 바 있습니다만, 그간 세계유산 목록에 등재된 우리 유산의 수가 늘었습니다. 이에 기꺼운 마음으로 개정판을 냅니다. 앞으로도 세계 공통의 유산으로 인정받을 우리 유산이 더 많아질 것입니다. 그때 또 새로운 모습으로 많은 분들과 만나리라 기대합니다.

2010년 12월
문화재청장 이건무

세계유산

인류무형유산

세계기록유산

석굴암 · 불국사

해인사 장경판전

종묘

창덕궁

화성

경주역사유적지구

고창 · 화순 · 강화 고인돌 유적

제주 화산섬과 용암동굴

조선왕릉

한국의 역사 마을 하회와 양동

United Nations
Educational, Scientific and
Cultural Organization

세계 유산

World
Heritage

석굴암 전실에서 바라본 본존불. 네모난 전실에는 불법을 수호하는 지킴이들이 자리했고, 둥근 주실 안에는 본존불과 더불어 여러 보살과 십대제자 등이 모셔졌다.

석굴암·불국사

Seokguram Grotto and Bulguksa Temple

신라인, 절대자의 세계를
황홀하게 엿보다

2000년 12월 신라 천년의 유적 도시 경주는 '경주역사유적지구'라는 이름으로 유네스코 세계유산에 등재되었다. 경주역사유적지구는 유적의 성격에 따라 5개 지역으로 나뉘고, 그 안에 지정문화재(52개)가 포함되는 방식으로 등재되었는데, 경주역사유적지구 목록 안에 신라와 경주를 대표하는 유적 '석굴암石窟庵'과 '불국사佛國寺'는 포함되지 않는다. 석굴암과 불국사는 이미 1995년 12월에 유네스코 세계유산으로 등재되었기 때문이다.

인간성을 초월한 영원의 세계 석굴암

경주 토함산(745m) 동쪽 산자락, 해발 565미터 지점에 세워진 석굴암은 751년 신라 경덕왕 때 당시 재상이었던 김대성金大城이 창건하기 시작하여 774년인 신라 혜공왕 때 완공한 석불사石佛寺에 딸린 암자였다. 석불사는 관리의 부족으로 쇠락하였고, 석굴암은 천 년 세월을 뛰어넘어 여전히 숭고하고 지극한 아름다움을 드러내고 있다.

석굴암은 말 그대로 '석굴로 된 사원', 자연적으로 생기거나 새롭게 판 석굴이 아니라 360여 개의 돌을 짜 맞추어 내부 공간을 마련한 뒤 바깥 부분을 흙으로 덮어 만든 인공 석굴이다. 본래 석굴 사원 양식은 인도에서 시작되었는데, 중국의 둔황·윈강 등에서 크게 유행한 뒤 우리나라로 전래되어 석굴암이라는 모습으로 발전, 새로운 방식으로 재창조되었다.

석굴암 내부 공간은 크게 네모난 전실前室 공간과 원형의 평면을 가지는 둥근 돔 형식의 주실主室, 곧 후실後室 공간으로 나뉘며, 두 공간을 연결하는 통로 공간까지 셋으로 연결되어 있다. '전방후원前方後圓[앞쪽은 네모나고 뒤쪽은 둥글다]'은 '천원지방天圓地方[하늘은 둥글고 땅은 네모나다]'이라고 여긴 고대의 우주관이 반영된 것이다.

전실은 팔부신중八部神衆과 금강역사金剛力士가 조각되어 있고, 통로에는 사천왕四天王이 조각되어 있다. 이들은 불법을 수호하는 무사적 성격의 지킴이들이다.

석굴암의 구심점이 되는 것은 역시 본존불本尊佛이다. 높이 3.5미터의 석굴암 본존불은 모든 악마의 방해와 유혹을 물리치고 깨달음을 얻는 순간의 석가모니불을 형상화하고 있다. 부처의 몸에서 나오는 빛을 형상화한 것을 광배라 하는데, 석굴암의 광배는 신체 뒤쪽에 붙어 있지 않고, 1미터 떨어져 벽에 따로 조각되어 있어 입체적인 느낌을 준다. 광배 가장자리의 연꽃무늬는 위쪽으로 갈수록 크다. 이는 불상 앞에서 기도하는 사람이 올려다봤을 때 완전한 동그라미 모양이 되도록 세심하게 배려한 때문이다.

결가부좌 자세인 본존불은 명상에 잠긴 듯 가늘게 눈을 뜨고, 엷은 미소를 머금어 자비로우면서도 근엄한 표정을 짓고 있다. 모든 신체 부위가 균형 잡혀 있고, 옷 주름은 생동감 있게 표현되어 있다. 손 모양은 선정인禪定印[손바닥을 위로 하여 배꼽 앞에 놓은 손 모양]에서 오른손을 풀어 항마촉지인降魔觸地印[손가락 끝을 가볍게 땅으로 향한 손 모양]을 취했다. 손 모양으로 정각正覺을 이룬 순간을 상징적으로 나타낸 것이다.

본존불은 주실 중앙에 모셔져 있다. 좀 더 정확히 말하면 주실의 한가운데가 아니라 뒤로 약간 물러난 지점이다. 만약 본존불이 중앙에 자리 잡고 있었다면 천상세계인 주실이 비좁고 답답한 느낌이 들었을 것이다.

본존불을 둘러싼 주실의 벽면에는 입구에서부터 양쪽으로 범천梵天과 제석천帝釋天, 보현보살普賢菩薩과 문수보살文殊菩薩이 서 있고, 십대제자가 좌우 대칭을 이루며 다섯 분씩 서 있으며, 본존불 뒤쪽 중앙 벽면에는 십일면관음보살十一面觀音菩薩이 자리한다. 이들 조각 위쪽에는 보살을 각기 한 분씩 모신 10개의 감실이 있다. 이들 조각은 석가모니불이 설법할 때 이를 듣기 위해 모인 회중會衆을 나타낸 것이다.

명상에 잠긴 듯 가늘게 눈을 뜨고, 엷은 미소를 머금어 자비로우면서도 근엄한 표정을 짓고 있는 석굴암 본존불.

주실의 천장은 돔 형식이다. 네모난 돌을 짜 맞추어 둥근 모양으로 만들었는데, 신라인들은 네모난 돌을 맞대는 사이사이에 비녀 모양의 돌을 쐐기처럼 박아가며 건축적 어려움을 해결하였다. 뿐만 아니라 쐐기돌로 인해 생긴 요철로 주실 천장을 우주 공간처럼 보이게 하는 이중의 효과도 얻어냈다. 돔의 천장 중앙에는 연꽃무늬 지붕돌을 끼웠다. 이와 같은 건축 공정은 지금의 기술로도 꽤 까다로운 작업이라고 한다. 연꽃무늬 지붕돌은 세 조각이 나 있는 상태이다.

그래서일까. 천장 지붕돌을 안치할 때의 이야기가 전해온다. '석굴을 완성하려고 큰 돌 하나를 다듬어 천장 지붕돌을 만드는데, 갑자기 돌이 세 토막으로 갈라졌다. 애통해 하다가 옷을 입은 채 잠이 들었는데, 천신이 밤중에 내려와 다

㉦ 주실 안의 여러 조각들과는 달리 입체감 있게 돌출되어 있는 십일면관음보살. 신라의 아름다운 여인을 보는 듯하다.

㉦ 돌에서 금방이라도 튀어나올 듯 환상적인 모습의 제석천. 팔등신의 이상적인 비례로 새겨져 있다.

만들어 놓고 돌아갔다.'《삼국유사三國遺事》는 것이다. 인간의 힘으로 이루지 못할 일을 천신이 도와 완성할 수 있었다는 이야기는 석굴암이 인간의 한계를 뛰어넘은 기적 같은 작품이라는 뜻이 아닐까.

주실 입구 좌우에 자리 잡고 서 있는 한 쌍의 금강역사 중 눈을 부릅뜬 채 입을 벌리고 '아' 하고 소리를 내는 모습의 금강역사. 불법을 수호하는 수문장답게 역동적이고 용맹스러운 자세를 취하고 있다.

석가모니불의 숭고하면서도 자비로운 미소, 너무도 섬세하여 마치 살아 있는 듯한 십일면관음보살상, 저마다 개성 있게 표현된 십대제자상과 유연하고 우아한 보살상, 위엄 있는 사천왕상, 용맹스러운 금강역사상……. 본존불을 비롯하여 석굴암을 이루고 있는 모든 불상은 제각각 완성도 높은 예술성을 갖추고 있다.

신라 사람들이 이토록 불상의 조각에 심혈을 기울인 것은 부처의 세계가 결국 인간이 모방해야 할 세계라 믿었기 때문이다. 신라는 삼국 가운데 불교를 가장 늦게 받아들였지만, 받아들인 뒤에는 국가의 지향점을 불국토로 여길 만큼 강한 영향을 받았다. 신라인의 지극한 종교성에서 비롯되지만, 석굴암이 걸작으로 완성될 수 있었던 것은 신라인의 높은 예술성과 과학성 그리고 기술력이 이를 뒷받침해줄 수 있을 만큼 앞서 있었기 때문이다.

석굴암은 자연 통풍과 채광, 온도와 습기 조절까지 자체적으로 완벽하게 처리할 수 있는 뛰어난 자기 보존 능력을 지닌 완벽한 건축물로 완성되었다.

석굴암은 크게 일제강점기와 1960, 70년대에 수리가 이루어졌다. 이 과정에서 석굴암의 원형과 자기 보존 능력을 잃게 된 것은 무척 안타까운 일이다. 일제는 석굴암을 완전 해체한 뒤 다시 조립하였다. 이때 인위적으로 배수로를 만들어 석굴암 밑으로 흐르는 지하수를 밖으로 빼내는가 하면 콘크리트로 석굴암 외벽을 감싼 결과, 석굴암 내부에 결로結露와 누수 현상이 생겨났다. 습기가 생기는 것을 방지하기 위해 신라인들은 지하수를 이용하여 바닥의 온도를 벽면의 온도보다 낮추는 것으로 해결하였다. 그러나 일제는 이 원리를 인식하지 못하고 지하수의 물길을 밖으로 돌려버렸다. 1960년대에 다시 보수하였으나, 일제가 설치한 콘크리트 돔에 또 하나의 돔을 덧씌우는 방식일 뿐, 근본적인 처방이 되지 않아 석굴암은 인위적인 방법으로 습도와 온도를 조절하게 되었다.

안타까운 것은 이뿐만이 아니다. 본존불을 중심으로 그 주위 벽면에 새겨진 불상을 포함하여 모두 40구의 불상이 조각되었으나, 지금은 감실의 보살 2구를 제외한 38구가 남아 있다. 감실의 위쪽의 보살 2구는 일제강점기에 불법 반출되었고, 십일면관음보살상 앞에 있었던 작은 오층탑 역시 사라졌다.

불국사 전경. 불국사는 불교 교리에 따라 석가모니불의 사바세계, 아미타불의 극락세계, 비로자나불의 연화세계를 대웅전(사진 오른쪽)·극락전(사진 왼쪽)·비로전(사진 중앙 뒤) 세 영역으로 형상화되었다.

석굴암의 원형과 관련하여 논란이 되고 있는 전실의 경우, 1912~13년 무렵에 촬영한 유리원판 사진이 최근 공개되었는데, 당시에는 현재의 모습(팔부신중이 양쪽 벽면에 네 구씩 늘어서 있다)과 달리 앞쪽의 팔부신중 한 구가 금강역사상을 마주 보는 방향으로 꺾여 있었음이 확인되었다.

길이 100미터에 이르는 불국사 대석단 사이로 난 청운·백운교(사진 오른쪽)와 연화·칠보교(사진 왼쪽)를 오르면 비로소 부처님의 세계로 들어선다.

절대적인 경지인 정각을 통해 인간 싯다르타는 형이상학적 존재인 석가모니(석가여래)가 되고, 속세는 법계라는 이상향이 된다. 석가모니가 정각 즉, 깨달음을 얻은 순간을 가시적인 건축과 조각으로 재현한 석굴암은 조각에서 인위적인 기교나 부자연스러움 없이 생명력이 넘치며 원숙한 조법과 탁월한 예술성이 돋보인다.

불국사, 불교 교리를 건축물로 고스란히 드러내다

석굴암 본존불이 석가모니가 깨달음을 얻은 순간을 완벽하게 표현하였다면, 불국사는 건축이라는 수단을 통해 불법의 세계를 현실세계로 드러낸 걸작이다. 석굴암과 마찬가지로 불국사는 751년부터 774년까지 김대성의 발원에 따라 지어졌다. 효심 깊은 신라의 재상 김대성이 전생의 부모를 위해 지은 절이 석불사(석굴암)요, 현생의 부모를 위해 지은 절이 불국사라는 것이다.

신라인들은 신라가 지상에 구현된 불국토, 즉 부처의 나라 그 자체이길 염원하였고 또한 스스로 그러하다는 믿음을 가지고 있었다. 신라인에게 불국사가 얼마나 큰 의미를 지닌 절이었는지는 그 이름에서부터 짐작이 가능하다. 불국사! 곧, 부처에 의한 파라다이스인 셈이다.

현실에 구현된 불교의 이상향 그 자체인 불국사 경내는 크게 대웅전大雄殿, 극락전極樂殿, 비로전毘盧殿 세 공간으로 나뉜다. 이는 불교 교리에 따라 석가모니불의 사바세계, 아미타불의 극락세계, 비로자나불의 연화세계로 이루어지는 불국정토佛國淨土를 그대로 형상화한 것이다.

경내로 들어가기 직전 앞서 눈길을 끄는 것은 길이가 100미터나 되는 대석단이다. 잘 다듬어진 장대석과 크고 작은 자연석이 안정감과 율동감 있게 어우러진 아름다움은 보는 이의 탄성을 이끌어낸다.

불국사는 대석단을 기준으로 하여 위쪽으로 대웅전, 극락전, 비로전 곧, 부처의 세계와 대석단 아래쪽으로 곧, 인간의 세계로 구분된다. 이 두 세계를 연결하는 것이 '청운青雲·백운白雲' '연화蓮花·칠보七寶'라는 다리다. 이들을 정면에서 보면 계단이지만, 측면에서 보면 다리인 것이 분명하게 드러난다. 원래 석축 아래에는 토함산에서 끌어들인 물이 구품연지九品蓮池라는 못을 이루고 있었다고 한다. 현재 못은 사라졌지만, 그 흔적인 수구가 석축에 남아 있다.

불국사의 대석단은 길고 짧은 장대석, 아치석, 둥글게 조각된 기둥석, 난간석 등 잘 다듬은 다양한 형태의 석재와 다듬지 않은 자연석이 조화롭게 구성되어 있다. 석굴암도 마찬가지지만 불국사 건축에 쓰인 석재는 단단하여 다루기가 매우 힘든 화강암이다. 이 단단한 돌을 자유자재로 주무른 솜씨라니…….

길고 짧은 장대석과 잘 다듬은 다양한 형태의 석재와 다듬지 않은 자연석이 조화롭게 구성되어 있는 불국사의 대석단.

1592년 임진왜란 때 불국사는 피해를 입었다. 이때 2000여 칸이나 되는 건물은 모두 불타 버리고 석축과 계단, 석탑과 석등, 금동불상 등만이 화를 면했다. 이

후 부분적으로 복구되었지만, 원형을 되찾지 못한 채 퇴락의 길을 걸었다. 불국사가 지금의 모습을 갖춘 것은 1969년부터 1973년 사이이다. 이때 창건 당시의 건물터를 발굴, 조사하고 무설전無說殿과 회랑, 비로전과 관음전 등 여러 건물을 새로 건립하였으나, 신라 때 규모에 비한다면 한참 미치지 못하는 형편이다.

ⓡ 석가모니가 영취산에서 설법할 때 땅에서 솟아나 설법을 찬양했다는 다보여래를 상징하여 조성한 다보탑. 겹겹이 쌓아 올린 석재가 목조구조물처럼 화려하고 정교하다.

ⓐ 통일신라 삼층석탑의 완성을 보여주는 석가탑. 각 부분의 비례와 전체 균형이 알맞아 매우 안정된 느낌을 준다.

대웅전 영역은 불국사 경내에서도 가장 중심이 되는 공간이다. 대웅전 앞마당에는 다보탑(10.34m)과 석가탑(10.63m)이 동서 방향으로 나란히 서 있다. 금당 앞에 모양이 같은 탑 두 기를 나란히 세우는 것이 통일신라시대의 전형적인 방식이지만, 불국사에 세운 두 탑은 다른 모습이다. 이와 같은 배치는 전에 없는 파격적인 방식임에도 매우 성공적이다.

《법화경法華經》에는 석가모니가 영취산에서 설법할 때 칠보의 탑이 땅에서 솟았고, 그 속에서 다보여래가 나타나 석가모니의 설법을 찬양하였다는 내용이 나온다. 석가탑과 다보탑이 나란히 세워진 배경이다. 본래 석가탑의 이름은 '석가여래상주설법탑釋迦如來常主說法塔', 다보탑은 '다보여래상주증명탑多寶如來常主證明塔'이다.

이층 기단 위에 삼층의 탑신을 얹은 석가탑은 외형은 단순하지만 상승감과 안정감이 뛰어나고, 각 부분의 비례와 전체의 균형이 알맞아 단아하면서도 장중한 멋이 우러나는 탑이다. 반면 다보탑은 우리나라 역사를 통틀어 비교할 데가 없을 정도로 유래가 없는 이형탑이다. 방형의 기단 위에 여러 가지 정교하게 다듬은 석재를 목재 건축을 짜 맞추듯 쌓아올렸는데, 그 구조가 복잡하면서도 화려하다. 이렇듯 단아한 석가탑과 화려한 다보탑의 대비와 조화는 매우 독창적이면서 아름답게 어울린다.

1966년 석가탑 2층 탑신에서 폭 6.7센티미터 길이 6.2미터 정도 되는 종이 두루마리 형태의 《무구정광대다라니경無垢淨光大陀羅尼經》(8세기 추정)이 발견되어 세상을 깜짝 놀래킨 바 있다. 무구정광다라니경은 현존하는 세계 최고의 목판 인쇄물이다.

흔히 예술은 시대를 반영한다고 한다. 오랜 통일 전쟁을 끝낸 신라는 약 100년의 세월이 흐른 뒤에는 안정된 국가 기반을 바탕으로 최고의 문화적 역량을 발휘하는 황금 시기를 맞이한다. 당대 이상향으로 여겨졌던 불교사상을 담아 완성한 최고의 건축이자 예술 걸작이 석굴암과 불국사이다. 아시아의 불교 문화권에서도 이만큼 독창적이면서도 아름다운 것이 없다 할 만큼 불교 문화의 진수로 인정받고 있다. '한국 문화의 원형을 이룬 찬란한 신라시대의 황홀함', 석굴암과 불국사에 맘껏 취해 보자. ●

가야산의 너른 품에 깃들어 있는 해인사 전경. 울창한 소나무 숲과 맑은 물이 흐르는 계곡으로 인하여 빼어난 절경을 보여준다.

해인사 장경판전

Haeinsa Temple Janggyeong Panjeon, the Depositories of the Tripitaka Koreana Woodblocks

풀리지 않는 신비,
보존 과학의 극치

고려는 불교를 나라의 바탕 이념으로 삼은 국가이다. 왕조를 일으킨 태조 왕건이 유언으로 남긴 '훈요십조訓要十條'만 보더라도, 그 첫 번째 항목이 '나라의 대업大業은 반드시 부처의 힘을 입어야 하므로……'로 시작할 정도이다.

470여 년의 고려 역사를 놓고 볼 때 가장 큰 국난은 몽골의 침입이었다. 1235년 몽골이 세 번째 침입을 하자, 당시 최고 권력자 최우崔瑀는 군사들과 함께 맞서 싸웠다. 하지만 걸음마를 할 때부터 말타기와 활쏘기를 익힌 몽골군을 물리치기에는 역부족이었다. 몽골군의 말발굽에 피 흘리는 백성들을 보다 못해 항복하자는 대신들도 있었지만 최우는 받아들일 수 없었다. 어떻게든 흐트러진 백성의 마음을 모아 전쟁을 계속해야 했다. 하지만 한번 약해진 백성의 마음을 모으는 것은 쉽지 않았다. 최우는 궁리 끝에 대장경을 간행하기로 했다. 대장경은 불교와 관련된 책을 모두 모아 엮은 불경 전집과도 같은데, 불교를 받드는 나라에서는 대장경을 제작하여 보관하면 부처님의 보호를 받아 나라가 편안해진다는 믿음이 전해지고 있었다. 실제로 고려는 대장경을 간행하여 외적을 물리친 경험이 있었다. 1010년 거란이 쳐들어왔을 때 대장경을 제작하였는데, 이 대장경이 완성될 즈음에 신기하게도 적군이 스스로 물러간 것이다.

그러나 수많은 불경의 내용을 집대성해야 하는 대장경 제작은 결코 쉬운 일이 아니었다. 당시 대장경 제작은 그 자체가 국력의 잣대이자 상징이라고 할 만큼 당대의 지식과 기술이 총동원되어야 함은 물론이요, 막대한 비용이 드는 거국적인 프로젝트였다.

1236년 최우는 대장도감大藏都監을 세우고 대장경 조판 작업을 시작했다. 부처님의 자비로 전쟁을 끝낸다는 마음으로 목판을 만들 목수와 각공, 서생과 승려 등 수많은 사람들이 대장도감으로 몰려들었다. 밖에서는 군사들이 치열한 전투를 치르고 있었지만, 대장도감으로 모여든 사람들은 나라의 운명이 자신의 어깨에 달려 있다고 생각하며 한 치의 흐트러짐 없이 맡은 일을 해나갔다. 대장경을 새기기 시작한 지 16년 만인 1251년 드디어 대장경 조판을 완성했다. 완성된 대장경은 8만여 매의 목판에 앞뒤로 빽빽이 5230만여 자의 불경을 새겨 넣은 것으로, 한문을 잘 아는 사람도 30년이 걸려야 모두 읽을 수 있을 만큼 엄청난 분량이었다. 대장경이 완성된 뒤에도 고려는 한동안 몽골의 침략에 시달려야 했지만, 나라를 지키려는 고려인들의 의지는 대장경과 함께 굳건히 남아 있다.

고려는 역사상 두 차례에 걸쳐 대장경을 제작했다. 처음 제작한 대장경은 현종 2년(1011)부터 선종 4년(1087)까지 무려 6대왕 77년에 걸쳐 제작된《초조대장경初雕大藏經》이다. 그러나 초조대장경은 고종 19년(1232) 몽골군에 의해 불타 버리고 말았다. 이로부터 5년 뒤인 고종 23년(1236)부터 다시 본격적으로 만들기 시작하여 16년 만인 고종 38년(1251)에 완성한 것이 우리가 흔히 '팔만대장경八萬大藏經'이라 부르는《고려대장경高麗大藏經》이다. 고려대장경은 초조대장경을 다시 판각한 것이라 하여 '재조대장경再雕大藏經'이라 부르기도 한다.

고려대장경판을 처음 보관한 곳은 강화도였다. 그러나 왜구가 자주 출몰하므로 서울에 임시로 옮겼다가 조선 태조 7년(1398)에 해인사海印寺로 옮긴 뒤 지금까지 해인사에서 보관하고 있다.

세계 유일의 대장경판 보관 건물

경상남도 합천 가야산 기슭에 자리한 해인사는 신라 제40대 애장왕 때인 802년 창건된 이래 지금까지 한국 불교계에 그 위상을 드높이고 있는 주요 사찰 가운데 하나이다. 특히 해인사의 위상을 자리매김할 때 빼놓을 수 없는 것은 '삼보사찰 가운데 하나인 법보사찰'이라는 점이다.

불교에서 '부처님[佛], 부처님의 가르침[法] 그리고 부처님의 가르침을 전하는 승려[僧]'를 세 가지 요체로 여겨 '삼보三寶'라 부르는데, 이 가운데 부처님의

신라 제40대 애장왕 3년(802)에 처음 창건된 해인사의 대적광전. 해인사는 1251년에 제작된 고려대장경판을 봉안하고 있는 법보사찰이다.

가르침인 고려대장경판을 봉안하고 있으므로, 해인사를 '법보사찰'이라 부른다.

이와 같은 이유로, 해인사에서는 《고려대장경》을 간행하기 위해 만든 경판을 보관하고 있는 '장경판전藏經板殿'을 경내에서 가장 높은 곳에 두었다. 경내에서 가장 높고 중요한 자리에 부처님을 모신 불전을 배치하는 일반 가람 배치와 비교해볼 때, '법보사찰' 해인사의 위상이 가람 배치에도 고스란히 드러나 있는 것을 알 수 있다.

부처님의 가르침을 담은 《고려대장경》을 간행하기 위해 새긴 경판은 모두 8만 1240매[경판의 수량은 조사자에 따라 차이가 적지 않다. 일제강점기 때 조사한 바에 의하면 8만 1258매]이다. '팔만대장경'이라는 이름도 이처럼 경판의 수가 8만여 매에 달한다고 해서 또는 8만 4천 번뇌(고대 인도에서는 '8만 4천'이라는 수를 '많다'는 의미로 이야기함)에 해당하는 8만 4천 법문을 실었다고 하는 데서 비롯되었다.

고려대장경판은 나무로 만들어 화재와 습기와 벌레에 약하다는 단점이 있다. 그럼에도 불구하고 750년이 넘게 훼손되거나 단 한 장도 뒤틀림 없이 양호한 상태로 완벽하게 보존되고 있다. 그 비결은 무엇일까? 비결은 경판 자체에도

부처님의 가르침을 기록한 대장경판을 봉안하는 법보사찰답게 장경판전은 해인사에서 가장 높은 곳에 자리하고 있다.

있지만, 경판을 보관하는 장소 곧, 장경판전의 완벽한 기능에 힘입은 바 크다.

장경판전은 경판을 보관하기 위해 따로 마련한 건축물로는 유일한 예이면서, 자연환경을 최대한 이용한 보존 과학의 극치를 보여주는 건축물로 인정받고 있다. 기능에 충실한 건물 그 자체의 높은 완성도에서 받을 수 있는 감동은 《고려대장경》 또는 고려대장경판의 그것과는 또 다른 차원에서 가늠된다.

화마와 전쟁, 파괴의 고비를 넘기다

임진왜란 후 숙종 21년(1695)부터 고종 8년(1871)에 이르기까지 해인사는 무려 일곱 차례 화재를 당한다. 그런 와중에도 장경판전만은 화마를 모두 피하고 홀로 온전히 남았다. 장경판전의 신비감을 더욱 높여주는 대목이다.

비록 처음 지어진 연대는 분명치 않지만, 장경판전은 해인사에서 가장 오래된 건물로 조선 초기 목조건축의 간결한 아름다움을 고스란히 간직하고 있다. 기록에 의하면, 장경판전은 세조 3년(1457)에 어명으로 판전 마흔여 칸을 다시 지었고, 성종 19년(1488)에 왕실의 후원을 받아 서른 칸의 대장경 경각經閣을 보수하였으며, 광해군 14년(1622)에 수다라장修多羅藏을, 인조 2년(1624)에 법보전法寶殿을 수리하였다.

해인사와 장경판전의 위기는 한국전쟁 때 다시 한 번 찾아왔다. 해인사가 있던 곳은 한국전쟁 당시 최대 격전지 중 하나였다. 미처 퇴각하지 못하고 낙오한 수많은 북한군이 해인사를 거점으로 게릴라전을 전개하자 한국군과 유엔군은 대대적인 토벌작전에 나섰다. 폭격기를 동원한 폭격도 수없이 이뤄졌는데, 엄청난 폭격 속에서도 별다른 피해 없이 지금까지 우리 곁에 해인사와 고려대장경판이 있다는 것은 실로 놀라울 따름이다. 소중한 문화유산인 해인사와 고려대장경판, 장경판전이 지금까지 보존되어 온 것은 문화재의 가치를 알고 지키려 노력했던 사람들이 있었기 때문이다.

공군 대령 김영환은 1951년 9월 지리산 공비토벌작전을 수행하면서 해인사를 폭격하라는 명령을 받았지만 이를 거부했다. 자신이 지휘하는 편대를 이끌고 출격했지만 김 대령은 가야산에 단 한 발의 폭탄도 떨어뜨릴 수 없었다. 그곳에는 바로 고려대장경판을 모셔 둔 해인사가 자리 잡고 있었기 때문이다.

그는 '빨치산 몇 명 죽이기 위해 소중한 우리의 문화유산을 불태울 수는 없다'고 했다. 목숨을 내건 그의 항명으로 해인사와 고려대장경판은 지금 우리 민족뿐 아니라 인류 전체의 소중한 유산으로 남아 있다.

온도와 습도, 공기의 순환이 잘 유지될 수 있게 과학적으로 설계된 장경판전 내부에 8만 1240장의 고려대장경판이 빼곡하게 들어차 있다.

해인사 장경판전 내부에 보관되어 있는 고려대장경판 중 다라니집경판. 8만 매가 넘는 경판 하나하나에 새겨진 5230만여 자의 글자가 고르고 아름답게 판각되어 있다.

자연 조건을 이용한 합리적이고 과학적인 설계

대장경판을 잘 보관할 수 있었던 핵심은 우선, 자연 지형을 탁월하게 이용한 점에 있다. 해인사 경내에서 가장 높은 곳, 해발 1430미터의 가야산 중턱 655미터 고도에 서남향으로 앉아 있는 장경판전은 햇살을 충분히 받는다. 여름에는 12시간, 봄과 가을에는 9시간, 겨울에도 7시간이나 햇빛을 받을 수 있으니 나무가 눅눅해지고 썩는 일이 없고, 이끼나 곰팡이, 곤충의 번식도 막을 수 있다. 게다가 서남향으로 자리함으로써 햇빛이 건물 내부를 골고루 비추니 건물 내부에 습기가 차는 것을 방지할 수 있다.

장경판전은 대장경판을 보관하고 있는 판전 네 채로 구성되어 있다. 북쪽에 있는 판전은 상전인 법보전이고 남쪽에 있는 판전은 하전인 수다라장이며, 두 건물 양끝 사이에 있는 작은 건물 두 채는 동사간전·서사간전(앞면 2칸, 옆면 1칸의 맞배지붕집)이라 하여, 전체가 긴네모꼴 평면을 이루고 있다. 수다라장과 법보전은 50미터가 넘는 긴 건물로 앞면 15칸, 옆면 2칸으로 된 우진각지붕집이다. 수직창살로 만든 나무창문 말고는 아무런 장식도 더하지 않았다. 이 나무창문은 장경판전의 독창성을 푸는 두 번째 핵심 장치이다.

창은 각 칸마다 아래위로 크기를 달리하였는데, 이는 햇빛 조절은 물론이요 공기의 순환을 원활히 하여 통풍과 환기의 효과를 극대화시키는 매우 중요한 구실을 한다.

창 설계를 좀 더 살펴보면, 수다라장과 법보전 각 건물의 앞면과 뒷면에 난 창과 아래창의 크기가 각각 다르다. 수다라장의 경우 앞벽은 아래창이 위창의 약 4배가 되고, 뒷벽은 위창이 아래창보다 약 1.5배 크다. 법보전의 경우 앞벽은 아래창이 위창보다 약 4.6배 크고, 뒷벽은 위창이 아래창보다 약 1.5배 크다. 두 건물 모두 뒷벽의 아래창을 더 작게 만듦으로써 건물 뒤쪽 땅에서 스며드는 습기를 최대한 적게 하였다.

뿐만 아니라 법보전의 뒷벽 창의 경우에는 칸마다 창의 크기가 조금씩 다르다. 이 또한 장경판전의 기능을 극대화하기 위한 설계로 짐작하지만, 현재로서는 그 원리를 정확히 짚어내지 못하고 있다. 현대의 과학기술이 옛사람들의 경험에 의거한 과학적인 판단을 좇아가지 못하는 셈이다.

법보전 앞벽(ⓡ)과 수다라장 뒷벽의 살창(ⓐ). 남쪽 산 밑에서 불어오는 신선한 공기를 잘 받아들이고, 건물 안에서는 대류작용이 원활히 일어나도록 앞뒤 창의 크기를 서로 달리하였다.

㉠ 장경판전의 긴 네모꼴 마당. 사진 오른쪽의 수다라장과 그 맞은편에 있는 법보전에는 고려대장경판을 보관하고 있고, 왼쪽의 서사간전과 정면에 멀리 보이는 동사간전에는 제경판을 보관하고 있다.

㉦ 수다라장의 월문. 해인사 경내 대적광전 뒤에서 장경판전으로 통하는 주출입구로 그 모양이 둥글어 월문이라 부른다.

해인사에서 가장 오래된 건물인 장경판전. 처음 지어진 연대는 분명치 않지만 기록상 세조 3년에 크게 다시 지었고 성종 19년에 보수하였다 한다. 지금도 조선 초기 목조건축의 간결한 아름다움을 고스란히 간직하고 있다.

장경판전의 바닥에도 장경판전의 신비로움을 푸는 매우 과학적인 지혜가 숨어 있다. 장경판전은 본래 배수가 잘 되는 토질 위에 지은 데다가, 많은 양의 숯과 소금과 석회를 바닥에 뿌려 기초를 다졌다. 이로써 비 오는 날의 과도한 습기는 흡수하고 건조한 겨울에는 머금었던 습기를 내뿜어 항상 일정한 습도를 유지할 수 있었다. 우리 선조들은 숯과 소금, 석회 모두 습기를 빨아들이는 성질이 탁월함을 잘 알고 있었던 것이다.

기본 벽체도 자연 재료인 흙을 사용하여 무더운 여름에는 온도를 낮추고 습도를 자연적으로 조절할 수 있도록 하였다.

대장경판을 온전히 보관하기 위한 장치는 이뿐만이 아니다. 대장경판을 꽂아 보관하는 판가板架 역시 예사롭지 않다. 5단 선반 모습인 판가는 가운데 기다란 통로를 사이에 두고 양쪽에 세웠으며, 선반 한 단의 높이는 선반 하나에 경판을 두 줄씩 꽂았을 때 약간의 여유가 생기게 하여 공기가 잘 순환될 수 있도록 하였다. 경판도 손잡이 구실을 하는 마구리 부분에 두꺼운 나무를 덧끼워서

경판이 나란히 진열되더라도 경판 사이에 공기가 자연스럽게 통할 수 있도록 하였다.

대장경을 새긴 나무판 자체도 나무를 잘라서 바닷물에 3년 이상 담가 놓은 뒤, 다시 소금물에 쪄서 그늘에 말린 다음 사용했다. 이렇게 해야 나무의 기름 성분이 완전히 빠져서 갈라지지 않기 때문이다. 해충의 피해나 나무가 썩는 것을 막기 위해 경판 표면에 두세 번씩 옻칠을 하였음은 물론이다.

이와 같은 여러 가지 배려와 장치로 장경판전 내부의 온도는 외부에 비해 섭씨 0.5~2도 정도 낮게 유지된다. 습도 역시 외부에 비해 5~10퍼센트 정도 낮은 상태를 유지하며, 건조할 때에도 40퍼센트 이하로 내려가는 일이 드물다.

《고려대장경》은 동서고금을 통틀어 가장 완벽하게 만들어졌다는 평가를 받는 대장경이며, 이를 찍어낸 고려대장경판은 고도로 정교한 인쇄술의 극치를 보여주는 문화유산으로 2007년 제경판과 함께 세계기록유산으로 등재되었다. 이와는 별도로 고려대장경판을 보관하는 있는 장경판전은 1995년 세계유산으로 등재되었다. 무엇 하나에도 완벽을 기했던 선조들의 지혜와 높은 문화 정신을 알려주는 자랑스러운 문화유산이다.

장경판전은 특히 주변의 자연환경 요소를 최대한 고려하여 과학적인 설계와 친환경적 건축으로 경판 보존이라는 제기능을 완벽히 수행해내고 있다. 대장경판을 보관하는 건물의 예로서도 세계 유일이다. 장경판전이 아니었다면 현존하는 대장경 가운데 내용이 가장 중요하고 완벽한 경전으로 꼽히는《고려대장경》의 대장경판이 지금까지 온전하게 보존될 수 있었을까. 우연이라면 실로 기가 막힌 우연이고, 계산하였던 것이라면 그 자체가 예술인 대단한 세계유산이 바로 해인사 장경판전이다. ●

종묘 정전과 월대 전경. 질박하고 호방한 박석들로 가득 찬 월대가 광대하게 펼쳐지면서 정전의 공간에 장엄함을 더한다.

종묘

Jongmyo Shrine

삶과 죽음을 초월하는
그 깊이

"전하, 부디 종묘사직을 보존하옵소서!" 종종 TV나 영화의 역사 드라마를 보면 왕이 정사 돌보기를 소홀히 하거나 나라에 위기가 닥쳤을 때 왕 앞에 읍소한 신하들이 이 같은 대사를 읊는다. 종묘사직이 무엇이기에 그토록 간곡한 것일까?

조선을 건국한 태조는 건국 초에는 고려의 국호나 제도를 그대로 이어받겠다고 했지만, 2년 뒤 왕도를 개성에서 한양(현재 서울)으로 옮긴다. 구세력이 뿌리내린 땅을 떠나 새롭게 국가를 경영하기 위한 터전을 마련할 필요가 있었기 때문이다. 한양을 새로운 도읍지로 정한 태조는 궁궐의 자리를 정하고 궁궐 좌우에 종묘宗廟와 사직단社稷壇을 세우도록 명한다.

종묘는 왕가의 조상을 모시는 사당이요, 사직단은 토지와 곡식의 신에게 제사 지내는 곳으로, 왕이 거처하며 정사를 돌보는 궁궐과 함께 왕조 사회에서 매우 중요시되는 공간이다. 종묘와 사직단은 각각 왕가의 조상신과 자연신으로부터 정통성과 권위를 부여받았음을 의미하는 신성한 공간이다. 종묘와 사직단은 그 존재로서 어느 누구도 이의를 제기할 수 없는 절대적인 왕조의 위엄을 만천하에 드러낸다.

'종묘와 사직을 보존하라'는 이 말 한 마디는 왕조 자체를 상징할 만큼 종묘와 사직단이 중요한 것임을 단적으로 보여준다.

유교를 통치이념으로 삼은 나라는 대부분 종묘 제도를 채택했다. 우리나라도 신라 때부터 종묘에 제사를 지내왔고, 중국 역시 고대부터 종묘와 같은 성격의 태묘太廟를 두었다. 같은 유교권 국가이지만 일본의 경우는 역대 천황들을 신사에 모셨다. 중국의 경우 마지막 왕조인 청나라의 태묘가 베이징에 남아 있었으나 공산혁명을 겪으면서 건물들이 개조되고, 의례는 중단되었다. 유교 문화권 가운데 종묘와 그 의례를 이어오고 있는 나라는 전 세계에 단 하나, 우리나라 뿐이다.

정전正殿과 영녕전永寧殿은 종묘에서 왕과 왕비의 신주를 모시고 있는 주요한 두 핵심 건물이다. 정전은 앞면만 길이 101미터로, 동시대 단일 목조건축물로 세계 최대 규모이며, 종묘 제도의 발생지인 중국에서도 볼 수 없으니 세계에서 유일

북한산으로부터 뻗어 내려온 산줄기가 응봉을 지나 창덕궁과 창경궁을 거쳐 흘러 들어온 곳에 자리한 종묘.

하다고 해도 과언이 아닌 매우 독특한 건축 형태를 보여주고 있다.

종묘는 그 기원이 멀리 주나라(기원전 1046~기원전 771) 이전으로 거슬러 올라간다. 조선왕조 역시 기본적인 제도의 틀은《주례周禮》를 따랐지만, 실제 건물을 짓고 제례를 치르는 과정에서는 고유한 형식을 만들어냈다. 한국을 대표하는 문화유산으로서 종묘가 빛을 발하는 대목이기도 하다.

단순과 반복과 절제, 그 아찔한 아름다움

서울 한복판에 위치한 종묘는 본래 창덕궁, 창경궁과 함께 하나의 영역을 이루고 있었다. 그러나 일제가 강점기에 조선왕조의 맥을 끊는다며 그 사이에 신작로를 내는 바람에 별개의 구역처럼 나뉘었다.

궁궐과 종묘는 모두 왕실과 관련된 공간이지만 종묘는 궁궐과 다른 의미를 간직한다. 역대 왕과 왕비 또는 사후에 왕과 왕비로 추존된 분들의 신주를 모시고 제사를 지내는 곳, 곧 '죽은 왕들의 궁궐'이자 '왕가의 신전'인 것이다. 삶의 공간인 궁궐과 달리 적막함 속에 엄숙함과 경건함과 장엄함이 도도히 흐르는 종묘의 격조는 바로 이와 같은 이유에서 비롯된다.

조상에 대한 제사가 엄숙히 치러지는 장소이므로 종묘에 화려하게 치장된 전각은 없다. 다만 엄숙함과 경건함과 장엄함이 강조된 전각들이 있을 뿐이다. 종묘를 이루는 전각들은 크게 조상의 신주를 모시는 정전과 영녕전 그리고 제사 준비를 하는 데 필요한 공간들이다. 공신당功臣堂, 전사청典祀廳, 악공청樂工廳, 재궁齋宮(어숙실御肅室), 향대청香大廳, 공민왕 신당 등 이들 건축 역시 종묘의 성격과 기능을 충실히 따르고 있다.

정전의 입구인 남문을 들어서면 가로 약 110미터, 세로 약 70미터에 달하는 거대한 이중 기단[월대月臺] 위에 장중하게 올라선 정전이 모습을 드러낸다. 반듯하게 자른 장대석을 단정하게 쌓은 위에 넓적한 돌을 거칠게 다듬어 불규칙하게 깔아 놓은 월대에서는 여느 건축물에서 찾아보기 힘든 호탕함도 엿보인다. 악공樂工과 무원舞員들은 이곳에서 음악을 연주하고 춤을 추며, 제관들은 대열을 이루어 제례 행사에 참여한다.

넓은 월대를 마당으로 삼은 정전은 하늘과 땅, 삶과 죽음을 연결하여 그 무한함을 웅변이라도 하듯 길고 장중한 모습이다. 굵고 당당한 기둥은 수없이 반

복되고, 그 위에는 ㅅ자 모양의 맞배지붕이 단순함의 묵직한 감동을 전한다. 반복되는 수직의 기둥은 마치 대지와 한 몸인 듯 길게 수평을 이룬 지붕과 더불어 왕조의 영원과 무한을 상징한다.

정전으로 통하는 문은 모두 셋이다. 정문이자 신문인 남문은 사람은 출입할 수 없고 혼백만 출입할 수 있으며, 동문은 왕, 서문은 악공들이 출입한다. 왕조차도 정문인 남문으로는 출입하지 않는다. 왕으로 태어나 나라를 다스리다가 목숨이 다하면 죽고 다시 후손이 왕위에 오르는 반복과 순환이라는 자연의 순리 앞에서는 왕이라도 지극히 경건하고 겸손해질 수밖에 없지 않은가. 왕도 죽은 왕들 앞에서는 한낱 후손에 불과하다.

그리고 종묘 외대문에서 정전과 영녕전의 마당을 가로질러 신실로 뻗고 꺾인 길……. 길은 종묘에서 중요한 의미를 갖는다. 신로[神道]와 어로[御道], 제례는 이 길들을 따라 행해진다. 가운데 가장 높은 신로는 인간은 다닐 수 없고 혼령만이 드나드는 길이다. 신주를 운반할 일이 있다면 신로를 이용해야 한다. 향,

ⓒ 종묘 외대문에서 출발해 정전과 영녕전으로 길게 뻗은 신향로. 폭이 좁고 바닥도 거칠며 높낮이의 변화도 크기 때문에 더욱 조심하며 경건히 걸어야 한다.

ⓢ 석양빛을 받아 더욱 붉게 빛나는 정전 퇴칸의 열주. 끝도 없이 이어지는 굵고 둥근 열주의 반복이 장엄하고 엄숙한 분위기를 연출한다.

축문, 폐백과 제사 예물도 신로를 따라 오간다. 그래서 신로는 '신향로神香路'라 부르기도 한다. 반면 양쪽의 어로는 제례 주관자인 왕과 세자가 이동하는 길이다. 어로는 신로와 함께 정전과 영녕전을 향하다가 신로와 헤어진 뒤 향대청과 망묘루 앞의 연못을 지나 우측으로 꺾여 재궁 속으로 사라진다. 왕은 이곳에서 목욕재계를 하고 제사 집전을 준비한다. 종묘의 길은 거친 전돌이나 울퉁불퉁한 돌로 포장되어 있다. 길의 폭도 좁고 바닥은 거칠며 높낮이의 변화도 크다. 천천히 걸을 수밖에 없다. 일상적으로 걷기 위한 것이 아니라 제례를 위한 길이기 때문이다. 신과 속을 구분함은 물론, 세속의 번잡한 일은 모두 잊고 제례에 집중하라는 뜻이다.

㉠ 19칸의 신실이 막힘없이 한 공간으로 넓게 트여 있는 정전 내부에서 제관들이 굽어 엎드려 예를 올리고 있다. 제상 왼쪽 황색 휘장 안이 신주를 봉안한 감실이다.

일체의 군더더기가 없는 단순 간결한 구조를 갖는 건축물이면서, 건축 자체가 절대 신성함이 담긴 엄숙한 공간임을 드러내는 종묘는 태조 3년(1394) 조선왕조가 한양으로 천도한 그해에 착공되어 이듬해에 완공되었다. 처음 세워질 때 정

역대 왕과 왕비의 신주가 점차 늘어남에 따라 증축을 거듭하여 지금과 같은 장대한 규모가 된 정전의 전경.

전은 신실 7칸 규모였다가 왕조가 대를 이어감에 따라 증축되었다. 어느 정도 제도가 정착되었지만, 종묘는 선조 25년(1592)에 일어난 임진왜란으로 크게 수난을 겪는다. 종묘에 모셨던 신주는 평양을 향하여 피난길에 오른 왕, 왕자와 함께 옮겨가고, 전각들은 불에 타 잿더미가 되었다. 전쟁이 끝난 뒤 공사를 시작하여 광해군이 즉위한 1608년에 완공한 이후 거듭 증축되다가 헌종 2년(1836)에 오늘날과 같은 신실 19칸의 규모를 갖게 되었다.

영녕전은 왕의 신주가 늘어나면서 정전만으로는 신주를 모실 공간이 부족해지면서 세운 별묘이다. 처음에는 신실 6칸 규모였으나 정전과 같은 이유로 중건과 증축을 거쳐 헌종 2년(1836) 오늘날과 같은 신실 16칸 규모를 갖추게 되었다. 규모는 정전에 비해 작지만, 건물의 생김새는 정전의 축소판이라 할 만큼 닮은 꼴이다. 다만 정전이 거대한 하나의 지붕으로 이루어진 데 비하여, 영녕전은 가운데 4칸의 지붕이 한 단계 높은 점이 다르다. 하나의 긴 지붕으로 처리하여 길게 수평선을 강조한 정전과는 달리 가운데 4칸의 지붕을 한 단 높게 처리한 영녕전은 정전에 비해 장중함이 다소 떨어지는 편이다. 하지만 이와 같은 방식은 외려 정전에서는 느낄 수 없는 안온함을 전해주기도 한다. 뒤뜰의 산자락에 쌓은 석축과 담장, 우거진 수목이 건물을 감싸고 있는 모습은 그윽한 정취마저 자아낸다.

'영녕永寧'은 '조상과 자손이 함께 길이 평안하라'는 뜻에서 붙여진 이름이다. 내부는 당연히 깜깜하다. 그러나 하얀 박석들로 마감된 바깥의 월대와 기단은 밝은 햇빛을 반사한다. 삶과 죽음, 빛과 어둠이 교차한다. 종묘가 완전한 어둠과 완벽한 정적을 벗고 산 자들의 세계에 노출되는 날이 종묘제례일이다.

조선시대에는 정전에서 매년 춘하추동과 동지 후 납일臘日(음력 12월 30일로 1년의 마지막 날), 영녕전에는 매년 춘추에 제향일을 따로 정하여 제례를 올렸으나, 현재는 전주이씨 대동종약원이 주관하여 5월 첫째 일요일에 한 번 종묘제례라는 제향 의식을 거행하고 있다. 제례 절차가 진행될 때마다 그 내용에 맞는 음악과 춤, 종묘제례악이 어우러져 제향 의식은 더욱 장엄해진다.

정전과 영녕전은 정확히 남향한 건물이 아니다. 서남쪽으로 약간 기울어진 방향을 취하고 있다. 정남향을 하려면 뒤쪽 산을 일부 깎아내야 하는데, 건물의 방향을 틀어 산세를 훼손하지 않는 방법을 택했기 때문이다. 뿐만 아니라 정전이나 영녕전 외에 제사를 지내는 데 필요한 기타 건물들의 배치 역시 자연의 지세

를 살리는 것을 우선으로 하였다.

건축 구조가 단순하면서도 매우 엄격하지만, 종묘 전각의 건물 배치는 자연미를 한껏 살리고 있다. 덕분에 자칫 단조로울 수 있는 제사 공간이면서도 생기를 간직하게 되었다.

정전과 영녕전은 모두 앞면만 칸마다 두 짝의 판문을 달았고, 나머지 세 면은 벽면이다. 각 신실의 신주를 봉안하는 뒷부분은 벽으로 막혀 있지만 제상을 차리는 앞부분은 트인 셈이다. 제례 때에는 신주를 모시고 있는 모든 신실의 문을 활짝 열고 발을 드리워 제사 공간을 만든다.

신실 하나하나의 크기나 구성은 정전과 크게 다르지 않지만 전체의 규모나 부재의 크기가 정전보다 작아 오히려 친근감을 주는 영녕전.

정전의 경우 19칸 신실이 있는 곳만 길이가 70미터에 달하고 좌우 협실夾室과 월랑月廊까지 합하면 총 길이가 101미터에 달한다. 정전의 기둥 간격은 모두 일정하고 또한 앞면 1칸을 벽체 없이 개방된 상태로 비워 놓았기 때문에 똑같은 배흘림기둥 20개가 열을 지어 나란히 늘어선 장관을 연출한다. 20개의 기둥은 한눈에 보아 다 들어오지 않을 만큼 길고 거대하다. 영녕전도 같은 방식이다.

현재 정전에는 19개 신실에 49위, 영녕전에는 16개 신실에 34위가 모셔져 있다. 똑같은 방에는 똑같은 제기들이 놓여 있고, 똑같은 의례의 제사가 치러진다. 무수한 기둥들, 똑같은 방과 문짝들, 무표정하리만큼 균질한 지붕과 기단들이 수없이 반복되고 반복된다. 이와 같은 반복은 일상적인 시간의 흐름을 잊게 만든다.

정전에는 왼쪽부터 태조(1대), 태종(3대), 세종(4대), 세조(5대), 성종(9대), 중종(11대), 선조(14대), 인조(16대), 효종(17대), 현종(18대), 숙종(19대), 영조(21대), 정조(22대), 순조(23대), 문조(익종, 추존), 헌종(24대), 철종(25대), 고종(26대), 순종(27대)과 각 왕비들의 신주를 모셨고, 영녕전에는 가운데 4칸에 목조, 익조, 도조, 환조, 맨 왼쪽부터 정종(2대), 문종(5대), 단종(6대), 덕종(추존), 예종(8대), 인종(12대), 가운데 왼쪽부터 명종(13대), 원종(추존), 경종(20대), 진종(추존), 장조(추존), 조선의 마지막 황태자인 의민황태자(영왕)와 각 왕비들의 신주를 모셨다.

조선시대에 재위한 왕은 모두 27명이지만, 종묘에 모셔진 왕의 신주는 35위, 왕비의 신주는 모두 48위이다. 추존된 왕이 있는가 하면, 광해군과 연산군처럼 폐위되어 종묘에 신주를 모시지 않은 경우도 있다.

ⓡ 제례가 시작되기 전 왕과 세자가 머무르면서 목욕재계하고 의복을 정제하던 재궁. 종묘의 다른 부속 건물과 마찬가지로 매우 간결한 구조로 되어 있다.

ⓢ 제례에 사용할 제기를 보관하고 제향에 나갈 제관들이 대기하던 향대청. 향대청 일곽 남쪽 끝에는 왕이 휴식하던 망묘루와 고려 31대 왕인 공민왕과 왕비인 노국대장공주의 영정을 모신 공민왕 신당이 자리하고 있다.

영원 무한의 공간, 죽은 자와 산 자가 만나다

종묘는 건축 형식과 그 속에 담긴 정신적 가치, 그곳에서 치러지는 의례가 세계에서 유일할 정도로 희귀하고 독특하다. 왕조의 권위와 정통성을 보장하는 정치적, 상징적인 의미를 지닌 공간인 만큼 조선시대 국가 최고의 고급 건축물이다. 그럼에도 종묘 건축은 화려하거나 현란하지 않다. 일상의 소음이 사라진 곳에서 들리는 침묵의 소리, 시간이 정지된 곳에서 또 다른 세계로 진입하는 4차원적 경험, 종묘에는 그런 것들이 있다. 조상신을 모시는 목적에 꼭 필요한 공간만으로 구성되었고, 장식과 색채를 최소화하여 고도의 단순함 그리고 세대가 반복 전승되는 이미지를 세련되게 구사함으로써 일상을 초월한 삶과 죽음에 대해 생각하고 영원이라는 시간을 느끼는 공간이 되었다. 종묘의 시공간을 초월한 이 같은 '깊이'는 방문객의 매무새를 가다듬게 하는 힘이 된다. ●

영녕전에서 긴 시간 동안 치루어진 장엄하고 엄숙한 제례를 모두 마친 뒤 제자리로 되돌아가는 제관들의 행렬.

창덕궁은 조선의 법궁인 경복궁에 이어 태종 5년(1405)에 두 번째로 세워진 궁궐이지만, 500년 조선 역사를 통해 가장 많은 임금이 오랫동안 거처한 궁궐이다.

창덕궁

Changdeokgung Palace

자연환경과 조화를 이루는
탁월한 미감

궁궐은 국가의 상징이자 왕의 위엄을 과시하는 공간이다. 임금이 머무르면서 나랏일을 보는 곳으로서, 조선왕조의 수도였던 서울에는 다섯 궁궐이 있다. 경복궁景福宮, 창덕궁昌德宮, 창경궁昌慶宮, 덕수궁德壽宮, 경희궁慶喜宮이 그것이다. 먼저 지은 궁궐이 화재 또는 전쟁으로 인해 없어지거나 왕실 식구가 늘어나면 새로이 궁궐을 지어나감에 따라 모두 다섯이 되었다. 오늘날 이들 궁궐을 일컬어 '5대 궁궐'이라 부른다.

이 가운데 가장 먼저 지어진 궁궐은 경복궁[태조 4년(1395)]이다. 경복궁에 이어 두 번째로 지어진 것이 창덕궁. 태종 5년(1405)의 일이다. 법궁法宮인 경복궁에서 머물 수 없는 사정 곧, 궁궐을 수리하거나 화재를 당했거나 의외의 변고가 발생했을 때 또는 왕이 옮기고 싶을 때 옮겨가서 머물 궁궐이 필요했다. 창덕궁은 경복궁의 이궁離宮으로 지어졌다. 나라의 으뜸이 되는 궁궐은 경복궁이지만, 조선 500년의 역사를 통틀어 보면 오히려 창덕궁의 쓰임이 더 컸다.

조선 초기에는 왕위 계승권을 둘러싼 치열한 다툼이 벌어진 장소였던 경복궁보다는 창덕궁을 더 선호하였고, 임진왜란으로 궁궐이 모두 불타 버렸을 때 광해군은 경복궁이 아닌 창덕궁을 재건했다. 이후 창덕궁은 경복궁이 중건되는 고종 때까지 줄곧 법궁으로 쓰였다. 창덕궁이 경복궁보다도 오랫동안 조선왕조의 법궁 역할을 한 셈이다.

경복궁은 임진왜란 이후로도 무려 270여 년 넘도록 재건되지 않고 폐허 상태로 방치되었다가 흥선대원군에 의해 비로소 다시 지어졌다.

창덕궁은 일제강점기를 지나면서 수많은 전각들이 헐려 나가고 경복궁에서 이전한 전각이 적지 않아 원래 모습과는 달라진 부분이 많다. 그러나 다행스럽게도 창덕궁과 창경궁의 옛 모습을 그대로 그려놓은 그림이 있어 창덕궁의 본래 모습을 어렵지 않게 떠올려볼 수 있다. 1830년 무렵 그려진 〈동궐도東闕圖〉는 서울의 동쪽에 있다고 하여 '동궐'이라고 불린 창덕궁과 창경궁 일대의 모습을 상세하게 보여주는 궁궐 그림으로, 그 자체로서 귀중한 문화유산이다.

500년 조선 역사의 중심 무대

멀리 북한산을 바라보면 보현봉이 보이고 그 앞에 응봉이 앉아 있다. 응봉에서 천천히 길게 흘러내린 산자락에 창덕궁이 있다. 우리나라는 산이 많아 조상 대대로 산과 인연을 맺으며 살아왔다. 경복궁은 평지에 자리 잡고 있지만, 이에 비해 창덕궁은 산자락에 지은 산중 궁궐로 궁궐의 배치를 통제하는 인위적인 축이 없다.

산기슭에 자리한 창덕궁은 자연 지형이 주는 제약 때문에 경복궁처럼 주요 전각들이 남북을 축으로 일직선상에 놓이는(광화문-흥례문-근정문-근정전-사정문-사정전-향오문-강녕전-양의문-교태전) 통일된 축선을 갖기가 어려웠다. 그러나 창덕궁의 건물 배치를 보면, 도리어 자연 지형을 이용하여 축선을 여러 차례 꺾어가며 융통성 있고 흥미롭게 구성한 것을 알 수 있다.

그렇더라도 건물들끼리는 궁궐의 기본 배치 원칙이 되는 배산임수背山臨水(산을 뒤로 하고 앞에는 물을 두는 것은 집터의 이상적인 조건이 된다)라든가 전조후침前朝後寢(궁궐의 앞쪽에는 공적인 공간을 두고 뒤쪽에는 사적인 공간을 둔다), 구중궁궐九重宮闕(여러 겹의 건물과 마당으로 사방을 에워싸 외부의 침입을 막는다), 동궁東宮과 동조東朝(왕의 뒤를 이을 왕세자의 거처는 '동궁', 왕실의 어른인 대비의 거처는 '동조'라고 하여, 궁의 동쪽에 둔다) 같은 궁궐 기본 배치 원칙은 충실히 따르고 있다.

창덕궁의 공간은 크게 넷으로 나눌 수 있다. 우선 궁궐의 초입이 되는 진입공간으로 이정표 삼을 만한 곳은 궁궐의 맨 앞 남쪽에 배치된 '돈화문敦化門'과 '금천錦川'이라는 시냇물이 흐르는 마당이다. 금천은 궁궐을 빠져나와 청계천과 합쳐진다. 궁궐 안의 왕과 궁궐 밖의 백성이 하나됨을 상징적으로 나타내는 대목이다.

금천을 가로지르는 '금천교'를 건너면, 본격적인 궁궐의 공간이 펼쳐진다.

돈화문 2층 문루에서 내려다본 금천교 일대. 회화나무와 느티나무 등 나무와 물 그리고 흙이라는 요소를 의도적으로 계획하여 상징화된 자연을 꾸몄다.

공적인 업무가 이루어지는 관청 영역이다. 나라의 큰 행사가 치러지는 궁궐의 으뜸 공간으로 가장 크고 화려한 정전인 '인정전仁政殿'을 비롯하여, 왕의 집무실인 '선정전宣政殿', 왕을 보좌하는 여러 관청으로 구성된 '궐내각사闕內各司' 등이 여기에 자리한다. 이들 관청 가운데 대표적인 것은 '홍문관弘文館(왕의 자문기관)', '내의원內醫院(왕실의 병원)', '예문관藝文館(문서 기록기관)' 등이다.

세 번째는 왕과 왕비 그리고 왕실 가족이 생활하는 사적인 공간이다. 왕과 왕비의 처소인 '희정당熙政堂'과 '대조전大造殿', '중희당重熙堂(현재 중희당은 없어졌고, 부속 건물인 '승화루承華樓' 일각이 남아 있다)'이라고 하는 왕세자의 생활 공간, 왕대비가 거처하는 '수강재壽康齋'를 비롯한 '낙선재樂善齋', '석복헌錫福軒' 등이 여기에 포함된다.

그리고 네 번째 영역이 궁궐의 가장 뒤쪽에 자리 잡은 후원 공간이다. 궁궐 뒤편에 있다고 하여 '후원後苑'이라 했고, 궁궐 북쪽에 있다고 하여 '북원北苑'이라고도 불렀다. 창덕궁 후원은 조선시대 궁궐 후원 가운데 가장 넓고 경치가 아름다워 일찍부터 왕실 사람들의 큰 사랑을 받았다.

창덕궁의 으뜸 건물인 인정전. 국가의 공식행사를 치르는 곳답게 다른 곳에서도 그 존재를 쉽게 확인할 수 있도록 크고 높고 화려하게 지었다.

하늘과 바람, 자연을 품에 안다

창덕궁 후원은 구릉과 계곡, 폭포와 숲 등 자연의 생김새를 그대로 살리면서 필요한 만큼씩만 최소한으로 손을 대었다. 자연과 조화를 이루는 속에서 우러나오는 자연미를 중시하는 우리 전통 정원 건축의 미감을 가장 잘 보여주는 대표적인 장소이다. 비록 왕과 왕실 사람들의 휴식처인 후원이지만, 왕이 주관하는 잔치나 활쏘기 같은 군사 훈련이 이루어졌으며, 글을 읽고 학문을 연마하거나 논과 밭을 갈고 누에를 치는 일도 이곳에서 이루어졌다.

후원은 창덕궁 전체 면적의 60퍼센트 이상을 차지할 정도로 넓지만, 그 정원을 이루는 작은 연못과 건물들이 산골짜기 이곳저곳에 숨어 있어 한꺼번에 전체 모습이 드러나지 않는다. 서양의 정원이 궁전의 베란다에서 내려다볼 때 그 진수를 느낄 수 있도록 가꾸어지는 것이 대부분이지만, 창덕궁의 후원은 정원 안으로 직접 들어가 이리저리 거닐어 보아야 그 진가를 느낄 수 있다.

정원이란 일정한 구역에 미관이나 실용을 목적으로 풀과 꽃, 나무, 돌 등을 이용하여 꾸며 놓아 주변 자연과 구분되는 장소를 말한다. 그런데 우리나라의 경우 가급적 자연을 있는 그대로 두고, 허투루 손질을 하지 않았다. 자연 속에서 정원이 하나가 된다. 그러다 보니 어디서부터 어디까지가 꾸며 놓은 것인지 바로 알 수가 없다. 창덕궁이 대표적인 예이다. 자연경관 자체를 정원으로 탈바꿈시키는데, 이때 정자가 중심 역할을 한다.

정자는 잠시 머무는 장소이다. '누樓'나 '대臺'에 비해 규모나 구조가 간결하고 소박하다. 그러나 정자의 가장 큰 특징은 주변의 자연경관을 막힘없이 감상할 수 있도록 만들었다는 점이다. 옛사람들이 "천태만상이 털끝만 한 것도 시야에서 도망하지 못하니 무릇 먼 경치를 바라보는 데는 정자만 한 것이 없다."(《동국이상국집東國李相國集》)라고 한 것도 바로 이런 맥락이다.

창덕궁 후원에도 자연 지형을 위압하지 않을 정도의 작고 소박한 정자를 많이 세웠다. 이들은 어느 시기에 한꺼번에 이루어진 것이 아니라 임진왜란 이후 창덕궁을 다시 지으면서 함께 복구된 이래, 여러 차례에 걸쳐 조성되면서 오늘날과 같은 후원의 규모를 이루었다. 연산군 때 건물로 농산정籠山亭이 있고, 인조 때 건물로는 청의정淸漪亭, 소요정逍遙亭, 태극정太極亭, 취규정聚奎亭, 희우정喜雨亭, 존덕정尊德亭이 있다. 숙종 때 건물로는 영화당暎花堂, 사정기비각四井記碑閣, 애련정愛蓮亭, 능허정凌虛亭, 청심정淸心亭, 취한정翠寒亭, 괘궁정挂弓亭, 몽답정夢踏亭이 있으며, 정조 때는 주합루宙合樓, 서향각, 부용정芙蓉亭이 있고, 순조 때는 의두

임금의 편전으로 사용되었던 희정당. 일제강점기인 1917년 불이 나 1920년 새로 지었는데 이때 마차나 자동차가 접근할 수 있도록 남행각의 현관을 돌출시켰다.

왕비의 침전인 대조전. 지금의 대조전은 희정당과 함께 1917년에 불이 나 1920년에 새로 지었는데 이때 경복궁의 교태전을 헐어 옮겨 왔다.

大造殿

각倚斗閣, 기오헌寄傲軒, 연경당演慶堂, 농수정濃繡亭이 있으며, 조선 말 일제강점기 초의 건물로 승재정勝在亭, 관람정觀纜亭이 있다. 연못으로는 부용지芙蓉池, 애련지愛蓮池, 반도지半島池, 몽답지夢踏池, 빙옥지氷玉池, 연경당 앞 방지方池가 있다.

물이 흐르는 골짜기 또는 연못을 조성하고 그 언저리에 정자를 세워 다양한 자연경관을 두루 감상할 수 있도록 배려한 것이 창덕궁 후원의 공간 활용 방식이다. 후원에는 자연을 훼손하지 않고 인공적 요소를 최대한 줄이면서 공간을 아름답게 꾸미려 했던 우리나라 전통 정원의 미학 정신이 깃들어 있다. 자연을 정복하고 지배하는 것이 아니라 자연에 순응하면서 인간이 누릴 수 있는 안락함을 추구했던 것이다.

창덕궁 후원에는 수많은 나무들이 숲을 이루고 있으나 유럽의 궁전 정원처럼 가위 세례를 받아 반듯하게 다듬어진 나무도 없으며, 왕의 기념상이나 호화롭고 사치스러운 장식 같은 것도 없다. 또 서구의 궁정에서 흔히 볼 수 있는 분수도 없다. 자연과의 조화와 순리를 소중하게 여기며 살아왔기에 위에서 아래로 흐르는 물이 아닌 아래에서 위로 솟아오르는 분수는 자연의 법칙을 거스르기 때문이 아닐까. 대신 연못을 조성하여 낚시와 선유仙遊를 즐겼으며, 후원 깊숙한 곳에 옥류천 폭포를 조성하고 굽이쳐 흐르는 물에 술잔을 띄우며 시흥을 즐기는 유상곡수의 풍류를 즐겼다.

많은 사람들은 이 지구상에서 가장 규모가 큰 정원으로 프랑스 베르사유

㉠ 주합루에서 내려다본 부용지 일대. 후원에 있는 여러 누정 중 처음 만나는 곳이면서 가장 장대한 경관이 펼쳐지는 곳이다.

㉦ 네모난 연못 한쪽에 마치 두 다리를 물에 담근 듯 서 있는 사방 한 칸의 작은 정자지만 오밀조밀한 장식들이 적절하게 베풀어진 애련정과 애련지.

궁전 정원을 꼽는다. 또 어떤 사람들은 세계의 정원 중에서 정리가 가장 잘 된 정원은 료안지龍安寺 같은 일본식 정원이라고 말한다. 그러나 베르사유 궁전의 정원 범위는 궁궐의 담을 넘지 못하고, 일본의 료안지 정원은 그 자체가 자연의 질서로부터 멀어져 있다.

당초부터 자연을 모태로 조성된 창덕궁 후원은 계곡의 물소리, 솔 숲에 이는 바람 소리, 산새 소리 등 가까이서 느낄 수 있는 것은 물론이고, 울타리 저 너머 있는 소나무 가지 사이로 비치는 구천에 걸린 달까지도 감상의 범위 안에 넣고 있으니 그 경계가 무한대요, 나무에 전지가위 한 번 대지 않고 제 속성대로 자라게 내버려 두고, 자연 법칙을 거스르는 분수를 버리고 폭포수를 즐겼으니 이처럼 자연 질서를 충실히 따르는 한국의 정원보다 더 잘 정돈된 정원이 또 어디에 있을까?

창덕궁 후원은 임금이 휴식과 풍류를 즐기는 왕실 정원인 만큼 그에 맞는 품격을 갖춘 시설과 경물들이 많다. 장대석으로 쌓은 품위 있는 연못과 화계花階, 왕실 가족의 장수를 기원하는 불로문 그리고 괴석, 돌확 등 경물들은 주변의 경관과 일체를 이루고 있는 느낌을 준다.

검소하되 누추하지 않고, 화려하되 사치하지 않다

경복궁이나 조선의 여느 궁궐에서도 마찬가지이지만, 한국의 궁궐은 결코 사치스럽거나 웅장하지 않다. 국력이 뒷받침되지 않아서가 아니라 백성을 괴롭히지 않으려는 유교 정치의 소산으로, 초가에서 살면서 태평성대를 이룩한 중국의 요순堯舜을 왕의 모델로 삼고 있기 때문이다. 조선왕조의 헌법이랄 수 있는《조선경국전朝鮮經國典》을 보면 다음과 같은 이야기가 나온다.

"궁궐이 사치하면 백성을 수고롭게 하고, 누추하면 조정에 대한 존엄을 보여줄 수 없게 될 것이다. 검소하면서도 누추한 지경에 이르지 않고, 화려하면서도 사치스러운 지경에 이르지 않도록 하는 것이 아름다운 것이다."

이처럼 사치스러움을 멀리하고 검소함을 즐겼던 조선시대의 남다른 가치

효명세자가 아버지 순조에게 존호(尊號)를 올리는 의례를 행하기 위해 지은 연경당. 궁궐에 있는 집이면서도 단청을 하지 않았고, 크게 사랑채와 안채로 구분되는 사대부의 집을 닮았다.

㉦ 후원 가장 깊숙한 곳에 자리한 옥류천. 넓은 바위 둘레에 둥글게 홈을 파서 샘물이 흐르다 폭포가 되어 떨어지도록 만들었다.

㉠ 후원의 여러 정자 가운데 가장 독특한 모습을 보이며, 내부에는 정조가 쓴 〈만천명월주인옹자서(萬川明月主人翁自序)〉 글이 나무판에 새겨져 걸려 있는 존덕정과 주변의 가을 풍광.

관은 궁궐 건축에도 고스란히 드러난다. 특히 창덕궁은 인위적인 손길은 가능한 한 배제하고 산자락에 기대어 자연과 조화를 이루고 있다.

1997년 12월 유네스코는 창덕궁을 세계유산으로 등재하면서 그 근거로 '동아시아 궁궐 건축 및 정원 디자인의 뛰어난 원형으로 자연환경과의 조화를 이룬 형식의 탁월함'을 꼽았다. 즉, 창덕궁은 단순히 조선시대의 궁궐 건축을 대표하는 유적으로서가 아니라 주변의 여러 가지 환경적 요인들과의 조화 그리고 한 시대의 문화적 전통을 대표하는 장소로서 그 역사적, 문화적 가치를 인정받은 것이다.

창덕궁이 있기에 우리는 500년 이상 지속되어온 조선의 역사와 문화의 향기를 맡을 수 있다. 500년이 넘는 조선 역사의 중심 무대로서, 무형의 조선왕조 500년 이야기를 고이 담고 있는 창덕궁. 아쉽게도 많은 부분이 사라지고 또 많이 바뀌었다. 그럼에도 불구하고 자연을 다치지 않고, 자연에 안기면서, 그러면서도 자연에 짓눌리지 않는 고유한 우리 민족의 전통 정서와 미감이 건축에 고스란히 살아 있어 더욱 소중하게 여겨지는 문화유산이다. ●

서북각루에서 내려다본 화서문과 서북공심돈 일대. 우리나라뿐만 아니라 외국 성곽의 장단점까지 두루 취해 건설한 화성은 성곽 문화의 꽃이요 성곽 문화의 완결판이라 불릴 정도로 아름답고 우수한 기능을 갖추고 있다.

화성

Hwaseong Fortress

새로운 건축 실험,
도시 축성의 결정체를 만들다

'성곽의 나라'라 해도 과언이 아닐 만큼 우리나라는 많은 성을 쌓아왔다. 5천 년 장구한 역사를 걸어오는 동안 서로 다른 세력끼리 각축을 벌이기도 했고, 숱한 외침도 겪었다. 이와 같은 과정 속에서 어느 시대나 전국 어느 곳이나 성곽을 쌓아 방비를 튼튼히 했고, 더불어 축성 기술도 발전시켰다. 특히 삼국시대에 많이 쌓았는데, 이 성들은 고려, 조선시대를 거치면서 국난을 겪을 때마다 중요한 방패막이가 되었다.

경기도 수원에 자리한 조선시대의 '화성華城'도 이와 같은 성곽 축성의 오랜 전통이 있었기에 가능했다. 화성은 '성곽 문화의 꽃'이요 '성곽 문화의 완결판'이라 불릴 정도로 아름답고 우수한 기능을 갖추고 있어 우리나라 성곽 중에서도 독보적인 건축물인 것은 물론이요, 나아가 당대 중국 그리고 유럽 성곽의 장단점까지 두루 취해 동서양의 군사시설 이론을 잘 배합시킨 독특한 성이라고 높이 평가되고 있다.

화성은 정조 때인 1794년부터 1796년에 걸쳐 2년 반 만에 완성되었다. 흔히 화성이라 하면 5.7킬로미터에 달하는 성벽과 성 안에 있는 각기 모양과 기능이 다른 다양한 부속 시설물을 말한다. 하여 때때로 화성이 이 성곽과 부속 시설물만을 가리키는 것이 아닌가 싶기도 하지만, 화성은 새로운 시대를 열고자 한 조선시대 정조의 개혁 의지 아래 탄생한 우리나라 최초의 계획 신도시 자체를 이르는 개념으로 보아야 그 참모습이 드러난다.

정조의 의지로 탄생한 우리나라 최초의 계획 신도시

정조는 조선왕조 역사상 최장기 집권(52년)한 기록을 세운 할아버지 영조의 사랑과 보호 아래 교육을 받았다. 이러한 점이 그에게는 행운이랄 수 있지만, 이면에는 극심한 당쟁에 휘말린 끝에 영조의 명령으로 뒤주에 갇혀 세상을 떠난 아버지 사도세자에 대한 연민과 죄의식이 있었다.

"과인은 사도세자의 아들이다." 영조의 뒤를 이은 정조가 신하들을 불러놓고 한 말이다. 정조에게는 아버지 사도세자의 비극적 죽음이라는 아픔을 씻고 사도세자의 명예를 회복하는 것이 당당한 군왕의 면모를 세우기 위한 절체절명의 과제였던 것이다. 정조는 1789년 마침내 사도세자의 묘소를 양주 배봉산(지금의 서울시 전농동)에서 수원 남쪽의 화산으로 옮기고 묘소 이름을 현륭원顯隆園으로 고쳤다. 현륭원이 새롭게 들어서자 그곳에 있던 수원도호부水原都護府는 결국 다른 곳으로 옮겨가지 않으면 안 되었다. 이에 정조는 팔달산 아래로 수원도호부를 옮기고 화성을 쌓아 유수부留守府로 격상시키는 화성 성역 곧, 화성 신도시 건설 계획을 세운다.

화성 축성은 화산의 현륭원과 팔달산 바로 아래쪽 성내 중심부에 건립된 화성행궁華城行宮(정조가 현륭원을 다녀갈 때 머물던 임시 처소로, 조선시대 건립된 수많은 행궁 중 단연 으뜸이 될 만큼 규모가 컸다)을 수호하고자 하는, 곧 효심의 발로가 드러난 목적이었지만, 사실 여기에는 노론 중심의 붕당정치를 타파하고 왕권이 중심이 되는 강력한 개혁정치를 펼치려는 정조의 강렬한 의지와 열정이 숨어 있었다.

군사적인 측면에서 볼 때 기존의 서울 수호는 동·서·북방에 비해 상대적으로 남방이 허술하였는데, 팔달산 아래에 난공불락의 최신식 성곽인 화성을 건설함으로써 서울을 방어하는 요새를 구축하였다. 정조는 화성에 국왕 친위부대인 장용영壯勇營 외영을 설치하여 5천 명의 군사를 둠으로써, 대내외에 군사력을 과시하는 효과를 얻을 수 있었다.

화성이 건설된 팔달산 일대는 군사적인 측면에서 서울을 지키는 남쪽의 요새이기도 했지만, 서울에서 충청·경상·전라로 통하는 교통의 요지이기도 하였다. 당시 서울은 급격한 도시 발전을 이루며 경제적인 번영을 구가하고 있었다. 이런 가운데 새로운 도시 건설의 필요성도 제기되고 있었다. 정조는 팔달산 아래로 옮겨간 수원의 이름을 화성으로 바꾸고 유수부로 격상시켜 인구를 모으고 상업을 발전시켜 서울 다음가는 위상을 갖춘 도시로 만들고자 했다. 그리하여

평상시에는 화성유수부의 관아로 사용하다 정조의 현륭원 참배시에는 임시 처소로 활용되었던 화성 행궁. 정조는 이곳에서 어머니 혜경궁 홍씨의 회갑연을 열었다.

서울 외곽에는 북쪽의 개성, 서쪽의 강화도, 남쪽의 화성, 동남쪽의 광주 등 4개의 유수부가 자리 잡게 되었는데, 이로써 정조는 중국의 한나라나 당나라처럼 수도를 광역화할 수 있었다.

정조는 화성 건설의 공사 비용도 국가 재정이 아닌 왕실의 돈을 사용하였고, 기본적인 도시 설계도 직접 맡았다. 현륭원의 관리, 왕의 화성 행차, 화성 경영 등에 필요한 모든 비용을 백성에게 부담하지 않고 왕실에서 감당하여, '백성이 살기 좋은 신흥 낙원의 도시'를 만들어 정조 자신도 중국의 요순 못지않게 덕을 펴는 군주임을 드러내고 싶었던 것이다. 결국 정조는 한양 천도(1394년) 후 꼭 400년 만에 화성 성역이라는 대역사를 일으켜 한양에 비견될 만한 훌륭한 도시를 단기간 내에 건설해내는 것으로 강화된 왕권과 변화하는 시대상을 유감없이 보여주었다.

방화수류정과 화홍문. 화성에서 가장 풍광이 뛰어난 곳으로 성 안으로 흘러드는 수원천 위에는 일곱 개의 홍예 수문으로 이루어진 화홍문을 세우고, 동쪽 산 능선에는 성 밖을 멀리 내려다볼 수 있는 방화수류정을 지었다.

화성을 직접 설계하고 건설하고 발전시킨 주역은 정조였지만, 공사의 실무를 집행하는 데는 여러 실학자들의 도움이 컸다. 그 가운데 정조로부터 화성 축성의 명을 받아 모든 축성 과정을 계획하고 감독했던 이는 젊은 학자 다산茶山 정약용丁若鏞이었다. 당시 나이 31세였던 그는 혼신의 노력을 기울여 당시로서는 가장 이상적인 성곽을 축성했다.

우리 성곽의 장점에다 중국, 유럽 등 당시 외국 성곽의 장단점까지 고려하여 성의 둘레와 높이 등 성벽의 규모와 성벽을 쌓을 재료를 정하였다. 또한 여러 가지 새로운 방식을 시도했다. 공사에 참여한 인부들이 작업량에 따라 임금을 받을 수 있도록 하여 작업 능률을 크게 향상시키는 한편, 거중기를 고안하여 사용하기도 했다. 거중기는 도르래의 원리를 이용하여 작은 힘으로 무거운 물건을 들어 올리는 새로운 장비였다. 덕분에 공사를 빠른 시간 안에 마칠 수 있었으며, 백성들의 수고를 크게 덜 수 있었다.

동서양의 선진 축성 기술이 이상적으로 만나다

화성 성곽은 크게 타원을 그리면서 도시 중심부를 감싸는 형태를 띠고 있다. 팔달산 정상에서 산의 능선을 따라 남으로 이어지는 성곽은 평지와 자연 하천 및 산세를 고스란히 살린 산성과 평지성의 모습을 두루 갖추고 있다. 이러한 평산성은 중국이나 일본 등지에서는 볼 수 없는 독특한 형태이다.

화성 성곽의 총 둘레는 약 5.7킬로미터, 평균 높이 5미터 정도이고, 성벽 위에는 높이 1.2미터 정도의 '여장女墻(몸을 숨기고 적을 감시 또는 공격할 수 있도록 한 낮은 담)'을 쌓았다. 성벽은 바깥쪽만 쌓아 올리고 안쪽은 자연 지세를 이용해 흙을 돋우어 메웠으며, 여장은 모두 벽돌로 쌓고 여러 개의 총구를 규칙적으로 뚫었다.

성에는 네 군데에 큰 문을 냈다. 북문이 장안문長安門, 남문이 팔달문八達門, 서문이 화서문華西門, 동문이 창룡문蒼龍門이다. 성문 밖은 둥글게 성벽을 이중으로 쌓아 옹성甕城이 되게 하였으며, 이들 네 군데 성문 외에도 다섯 곳에 일종의 비밀 출입구인 '암문暗門'을 냈다. 이밖에도 북에서 남으로 흐르는 수원천 위에 수문을 두 곳 세웠는데, 특히 북수문北水門 위에는 누각을 올려 아름답게 꾸몄다. '화홍문華虹門'이 그것이다.

북문과 남문 좌우에는 각기 대칭으로 적의 동태를 감시하고 성벽에 접근하는 적을 측면에서 공격할 수 있도록 '적대敵臺'를 놓았고, 화살 발사기를 설치하

㉠ 북문이자 화성의 정문인 장안문. 건물의 형태는 서울의 숭례문과 비슷하지만 규모가 더 크고 우람하다. 또한 숭례문에는 없는 옹성까지 갖추고 있다.

㉡ 장안문의 홍예문 안에서 바라본 옹성. 반원형의 둥근 옹성은 돌로 쌓은 본체와는 달리 벽돌로 축조하였다.

기 위한 '노대弩臺'도 서쪽과 동쪽에 하나씩 두었다. '공심돈空心墩'은 벽체 내부 주위로 사다리와 통행로를 두고 중앙부는 빈 공간으로 둔 망루로 세 군데에 놓였다. 공심돈과 노대는 이제까지 한 번도 시도해보지 않은 전혀 새로운 성곽 시설이다.

그 밖에도 성벽을 밖으로 돌출시켜 성벽에 접근하는 적을 공격할 수 있도록 한 '치성雉城'을 아홉 군데, 치성 가운데 대포를 설치한 '포루砲樓'와 몸을 숨기고 적을 관찰하며 아군의 동향을 알지 못하게 누각을 세운 '포루鋪樓'도 다섯 군데에 두었다. 포루 가운데 특별히 성벽 네 모서리의 비교적 높은 곳에 사방을 내다볼 수 있게 한 '각루角樓'도 세웠다.

성의 서쪽과 동쪽에는 군사를 지휘하는 '장대將臺'가 있었으며, 인근 지역의 성이나 군사 초소와 긴급 연락할 수 있도록 '봉돈烽墩'도 하나 세웠다. 봉돈은 5개의 굴뚝을 만들어 올라가는 연기의 수에 따라 각각 다른 의미를 전달하도록 한 통신시설이다.

성벽의 야경. 화성 성곽은 평균 높이 5미터 정도이며, 성벽 위에는 높이 1.2미터 정도의 여장을 쌓았고 총 둘레는 약 5.7킬로미터로 성벽은 바깥쪽만 쌓아 올리고 안쪽은 자연 지세를 이용해 흙을 돋우어 메웠다.

성벽 곳곳에 감시 · 공격 · 지휘 · 통신 등에 필요한 이 같은 군사시설을 모두 48개 두었는데, 이 가운데 수해와 전란으로 7개 시설물이 소멸되고 현재는 41개의 시설물이 남아 있다. 이제껏 이처럼 많은 방어시설을 갖춘 성곽은 없었지만, 이전의 성곽들이 방어에 중점을 두었던 데 견주어 화성은 적을 공격하기에도 유리하게 개선된 성곽이다.

화성의 여러 시설물 가운데 특히 아름다운 건축물로 주목받는 것은 '방화수류정訪花隨柳亭'이라고 더 많이 알려진 '동북각루'이다. 우리나라 정자 문화의 건축적 아름다움을 한껏 자랑하는 방화수류정은 앙증맞다 싶을 정도로 작다. 높고 좁은 공간에 적응하느라 정자의 모양도 격식에 구애받지 않은 활달한 모습이지만, 그 자태는 매우 단아하다. 방화수류정 아래에는 연지를 마련하고 능수버들을 휘늘어지게 심었는데, 정자와 어울리는 그 맵시가 운치 있다.

정조는 화성을 축성할 당시 아름다움을 강조하였다고 한다. 이에 한 신하가 "적을 막아내기 위해선 튼튼히 쌓으면 되지, 무엇 때문에 이토록 화려하게 하시나이까?"라고 물었다. 그러자 정조가 "아름다움이 능히 적을 이기느니라" 하고 대답하였다는 일화가 있다. 화성은 군사적 건축물이지만 예술적인 면에서도 완성도를 높인 성곽이다.

화성의 4대문 중 남쪽에 위치한 팔달문. 정문인 장안문과 거의 같은 구조로 아름답고 우람하다.

성곽 공사는 2년 반이라는 짧은 기간 안에 성공적으로 이루어져서 1796년 여름에 완성되었다. 공사 도중인 1795년 2월, 정조는 어머니 혜경궁 홍씨를 모시고

화성에 내려와 어머니 회갑연을 베풀었다. 조선시대 최대의 왕실 회갑연이라고 평가될 만한 성대한 잔치가 신도시 화성에서 거행되었다. 정조와 혜경궁 홍씨가 탄 가마, 이를 수행하는 고위 관리나 군사들이 길고 화려한 행렬을 이루며 서울을 떠나 노량진을 건너 화성에 닿는 모습은《원행을묘정리의궤園行乙卯整理儀軌》라는 책자로 기록되어 오늘까지 전하고 있다. 매년 10월 수원에서 을묘년의 원행園行을 재현하는 화성문화제가 열리는 것도 이 의궤 덕분이다.

그뿐만이 아니다. 일제강점기와 한국전쟁을 거치면서 일부가 파손, 훼손된 화성이 1970년대 복원을 거쳐 축성 당시 모습을 되찾을 수 있었던 것도《화성성역의궤華城城役儀軌》라는 기록이 있었기 때문이다. 여기에는 성곽의 설계 과정, 실제 지어진 건물의 형태, 규격과 특징, 재료의 출처 및 용도, 재료 가공법, 동원된 인력의 인적 사항, 예산 및 임금의 계산, 각종 공문서 등이 꼼꼼히 적혀 있다. 덕분에 공사의 전말을 상세히 알 수 있었다. 기록을 중시한 조선시대의 일면이 엿보인다.

1800년 6월, 정조는 나이 48세에 갑작스런 죽음을 맞았다. 정조의 죽음과 함께

정조가 꿈꾸었던 신도시 화성의 영화도 사라졌다. 정조는 나이 52세가 되는 갑자년(1804년)에 세자에게 왕위를 물려주고 자신은 상왕이 되어 어머니를 모시고 화성에 내려와 지내려는 계획을 가지고 있었던 것으로 알려져 있다. 이런 계획은 정조의 갑작스런 죽음으로 수포로 돌아갔다. 정조가 죽고 나자 정조가 계획했던 개혁도 모두 없던 일이 되었다. 물론, 화성 축성 이후 우리나라에는 뚜렷한 축성도 이루어지지 못했다. 조선 후기에 들어서 사회의 기강이 극도로 문란해지고, 사회 각층이 붕괴되어가고 있는 형편에 막대한 재정과 인력을 필요로 하는 축성이 이루어지지 못한 것은 당연한 결과이기도 하겠다.

(┌) 성곽 밖으로 돌출시켜 벽돌로만 쌓은 봉돈 주변에는 여러 개의 총구와 현안을 만들어 봉돈을 방어할 수 있도록 했다.

(^) 팔달산 서장대 남쪽 아래의 성벽 후미지고 깊숙한 곳에 은밀히 설치한 서암문. 화성에는 이와 같은 암문이 모두 다섯 군데에 설치되어 있다.

(┐) 여장과 동북공심돈. 공심돈은 조선시대 성곽 중 유일하게 화성에만 있는 시설로 벽돌로 돈대를 쌓고 꼭대기에는 군사들이 머물 건물을 올렸다.

우리나라 성곽의 전통을 계승하면서 동시에 시대의 변화상을 반영한 동시대 최고의 성곽 건축물 화성은 독창적이고, 실용적이며, 심미적이다. 경사진 지형을 살려 자연과 조화를 이룬 평산성의 형태, 과학적이고 합리적이며 실용적으로 설계된 구조, 돌·벽돌·목재 등 다양한 건축 재료가 동원된 새로운 축성법, 이처럼 화성은 군사 건축물이면서도 예술성을 놓치지 않고 있다. 화성은 1997년 유네스코 세계유산에 등재되었다. ●

대능원과 경주 남산. 시내 어디서나 봉긋봉긋 솟아오른 고분을 만날 수 있는 것은 다른 역사 도시에 견주어 경주만이 가지고 있는 독특함이다.

경주역사유적지구

Gyeongju Historic Areas

고유한 역사성과 문화 역량에
감탄하고 열광하다

경상북도 동남부에 자리한 경주는 인구 약 27만 명 정도(2010년 기준)인 소도시이지만, 기원전 57년부터 서기 935년까지 56명의 왕이 다스리며 천 년 동안 왕조를 이루어온 '신라'의 수도이자, 한국 문화의 원형이 되는 신라시대 역사와 문화의 자취를 고스란히 간직한 아주 특별한 도시다.

신라는 한반도의 동남쪽 끄트머리에 자리 잡은 '사로국斯盧國'(서라벌)이라는 작은 부족국가로 출발하였다. 그럼에도 불구하고 앞서 고대국가의 기틀을 잡고 있던 고구려와 백제를 통합하여 통일 왕국을 이루어냈으며, 안정된 국가 기반과 경제력을 바탕으로 매우 화려하고 찬란한 과학·문화·예술을 꽃피웠다. 대외적으로는 중국·일본은 물론 서아시아의 이슬람권과도 활발히 교류하였으며 세계를 향해 문호를 활짝 열어 이미 천 년 전에 국제도시의 명성을 만방에 떨쳤다.

전성기 때 신라의 수도 경주에는 무려 '17만 8936호'(약 90만 명)가 살았는데, 8세기 무렵인 당시 경주의 도시 규모와 번영의 정도는 비잔틴(동로마)제국의 수도 콘스탄티노플(현 터키의 이스탄불), 이슬람제국의 수도 바그다드(현 이라크), 당나라의 수도 장안(현 중국의 시안)에 견주어도 손색이 없을 정도로 번영했다.

경주는 도시 전체가 문화재와 박물관일 만큼 숱한 명소들이 도시 전체에 퍼져 있다. 개국 이래 천 년 동안 도읍을 옮긴 적이 한 번도 없다 보니 천 년 왕국 신라

의 역사가 고스란히 한 곳에 집중된 것이다. 도시화되어 도로가 넓어지고 건물들이 많이 들어서긴 했지만, 21세기 경주는 여전히 천 년 전 신라의 유적들과 함께 살아가고 있다. 지금도 경주 곳곳에서 수없이 많은 유적들이 발굴되고 있다.

유네스코는 신라 천 년의 역사와 문화를 한눈에 파악할 수 있을 만큼 다양한 유산을 간직하고 있는 경주에 '역사유적지구'라는 이름을 붙여 인류가 함께 보존해야 할 세계유산으로 등재시켰다.

세계유산에 등재된 경주역사유적지구는 유적의 성격에 따라 크게 불교 미술의 보고寶庫인 남산南山지구, 천 년 왕조의 궁궐터인 월성月城지구, 고분군 분포 지역인 대능원大陵苑지구, 신라 불교의 정수精髓인 황룡사黃龍寺지구, 왕경王京 방어 시설의 핵심인 산성지구로 나뉜다. 도시 전체에 걸쳐 많은 수의 유적이 산재하니 하나하나 등록하지 않고 지역으로 묶은 것이다. 그런데 이렇게 지역별로 등재하다 보니, 지구로 묶이지 못해 빠지거나 현장을 떠나 있는 이유로 세계유산

ⓡ 남산 불곡의 석불좌상. 고개를 약간 숙이고 수줍은 듯 미소를 지으며 두 손을 소매 속에 넣은 다소곳한 자태가 한없이 친근하다. 남산에서 가장 나이 많은 부처님이다.

ⓐ 남산 용장사지 삼층석탑. 탑신부의 높이는 비록 4.5미터밖에 안 되지만 남산 전체를 하층기단으로 삼았으니 세계 어느 곳에도 유례가 없는 가장 큰 탑인 셈이다.

목록에 오르지 못한 유물도 상당수다. 감은사지 삼층석탑과 국립경주박물관의 여러 유물들이 그러한 예이다. 경주역사유적지구라는 이름으로 등재된 문화재의 수는 52개이다.

부처의 세상 그 자체 남산지구

고위봉(494m)과 금오봉(468m) 두 봉우리가 중심이 된 남산은 남북(10km)으로 길게 누운 모습으로 경주의 남쪽에 솟아 있다. 그리 높은 산은 아니지만 골짜기가 깊고 능선이 변화무쌍하여 보는 방향에 따라 다양한 모습을 드러낸다.

㉠ 남산 신선암 마애보살상. 한쪽 다리를 아래로 내려뜨린 채 무심히 깊은 생각에 잠긴 듯 편안한 자세의 조각수법도 교묘하지만, 구름 위에 앉아 하늘을 나는 듯 보이는 위치 선정 또한 절묘하다.

산 전체가 '야외 박물관'이라고 불릴 만큼 불상과 탑, 석등, 연화대좌 등 수많은 불교 유적이 곳곳에서 발견된다. 유적들은 하나하나가 그 자체로 두드러지기보다는 남산의 자연경관을 크게 거스르지 않고 자연과 조화를 이루어가며 집단적으로 어우러진다. 산 전체를 기단부로 삼은 용장사지 삼층석탑이 대표적

반달처럼 생겼다 하여 반월성이라고도 불리는 월성 전경. 월성의 동북쪽으로는 안압지와 황룡사지가 보인다.

인 예이고, 바윗면을 그대로 이용한 마애불이 특히 눈에 많이 띈다. 이 밖에도 남산 기슭에는 신라 건국신화에 나타나는 '나정蘿井'을 비롯하여 신라의 천 년 역사를 마감하는 망국의 한이 서린 '포석정鮑石亭'까지 신라의 흥망성쇠를 함께 한 역사적 장소들이 자리하고 있다. 특히 불교가 신라에 전해진 이후 7세기 전반경부터 10세기에 이르기까지 집중적으로 조성된 것으로 여겨진다.

통일신라의 대표적인 정원인 안압지의 야경. 절묘한 굴곡으로 인해 어느 곳에서 서서 어느 곳을 바라보더라도 못 전체가 한눈에 가늠되지 않으며 한없이 길게 이어진 것처럼 느껴진다.

지금은 몇 군데의 석축石築만 남아 있는 용장사지는 매월당 김시습이《금오신화》를 쓰며 머물던 곳으로 알려져 있다. 용장사지 삼층석탑은 절을 감싸고 뻗은 동쪽 바위 산맥의 높은 봉우리에 서 있는데, 자연암석을 하층기단으로 삼고, 그 위에 상층기단과 탑신을 올렸다. 곧, 자연암석이 하층기단일 수도 있고, 그 아래 바위산 전체가 또한 하층기단일 수도 있는 셈이다. 산 전체를 기단으로 삼은 스케일과 상상력으로 보면 세계 그 어느 석탑이 이에 견줄 수 있을까.

용장사지 삼층석탑의 스케일에 준하는 불상이 있다. 칠불암 위에 곧바로 선 남쪽 바위에 새겨져 있는 신선암 마애보살상(높이 1.4m)이다. 불상은 마치 구름 위 의자에 앉아 한쪽 다리를 아래로 내려뜨린 채 유희하는 듯 편안한 자세(유희좌遊戲坐)이다. 풍만한 얼굴이지만 표정은 무심한 듯, 깊은 생각에 잠긴 듯하다. 가장 편안한 자세로 인간을 구제할 방법을 고심하고 있다고 할까. 옷자락 역시 구름에 날려 흩어지는 듯 서서히 사라진다. 경주가 한눈에 내려다보이는 입지도 교묘하지만, 조각수법 또한 하늘을 나는 듯 표현되어 있다.

천 년 왕조의 궁궐터 월성지구

동서고금을 통해 천 년 동안 왕조를 이어온 나라는 매우 드물다. 더구나 경주가 한 왕조의 수도로서 천 년을 이어왔다면, 그 입지와 규모는 타의 추종을 불허할 정도였으리라 미루어 짐작할 수 있다. 신라는 삼국을 통일한 이후에 왕경王京(왕이 거처하는 왕궁을 중심으로 그 나라 수도의 근간을 이루는 공간을 이름)을 지방과 구분하였으며, 도시 구조도 정비하고, 정비된 왕경을 둘러싼 산성도 축조하였다.

신라 왕경에 대한 연구는 지금도 계속 진행되고 있지만, 현재까지 연구에 의하면 도시 전체가 네모반듯한 바둑판 모양으로 정리되어 있었으며, 왕복 4차선에 해당하는 폭 15미터의 넓은 도로와 배수로가 나란히 건설되고 배수로 안쪽에 주택가가 들어섰을 만큼 철저한 계획도시였다. 도로는 인도와 마차가 다니는 차도로 나뉘었고, 주택가에서는 기와로 지붕을 덮고 숯을 피워 난방을 했을 정도로 쾌적했다. 숯을 피우면 매캐한 냄새가 나지 않고, 그을음이 없다고 한다. 그런가 하면 절이 하늘의 뭇별처럼 많고, 탑들이 기러기처럼 늘어섰을 정도였고, '금입택金入宅'의 고급 주택도 35채가 있었다고 한다. 귀족이나 일반인의 생활환경과 수준이 이러할진대, 왕이 살았던 궁궐은 어떠했을까?

신라 초기의 왕궁이 어디인가에 대해서는 정확치 않다. 다만, 《삼국유사》의 기록 등에 근거하여 나정이나 오릉五陵이 있는 서남산西南山 일대일 것이라고 추정하고 있다. 《삼국사기三國史記》 기록에 따르면, 파사왕 22년(101)에 "성을 쌓아 월성月城이라 이름하고 7월에 왕이 옮겨 살았다"고 하였다. 아마도 이후 이 월성이 왕궁의 중심으로 자리 잡았던 것 같다.

월성은 성의 모양이 반달처럼 생겼다하여 반월성半月城이라고도 한다. 월성은 신라 역대 왕들의 궁성이었으며, 문무왕 때에는 임해전臨海殿(임해전은 신라 왕궁의 별궁別宮으로, 왕자가 거처하는 동궁東宮으로 사용되었다. 여기에 딸린 인공 연못이 안압지雁鴨池이다) · 첨성대瞻星臺 일대가 편입되어 성의 규모가 확장되었다. 성의 동 · 서 · 북쪽은 흙과 돌로 쌓았으며, 남쪽은 절벽인 자연 지형을 그대로 이용하였다. 성벽 밑으로는 물이 흐르도록 인공적으로 마련한 방어시설인 해자垓字가 있었으며, 동쪽으로는 임해전으로 통했던 문터가 남아 있다.

근래에는 계림鷄林과 첨성대 사이의 건물터와 성동동 전랑지殿廊址의 대규모 건물터 등이 발굴되어 그동안 석연치 않았던 천 년 왕조 신라의 궁궐 규모와 위치가 속속 모습을 드러내고 있다. 천 년을 한 터전에서 살아왔으니, 그 흔적의 두께가 만만치 않다. 왕경에 대한 본래의 모습을 찾으려는 노력은 계속될 것이다.

형용할 수 없는 신비감, 대능원지구

경주 시내 곳곳에 자리 잡고 있는 신라시대의 고분들만 보더라도 역사 문화 도시 경주의 정체성은 범상치가 않다. 처음부터 계획된 수도가 아니라 살아가면서 넓어졌기 때문에 산 자와 죽은 자의 공간이 뒤섞이게 된 것이다. 현재 경주 도심에는 높이가 23미터(황남대총)에 이르는 것부터 지상에서는 식별이 어려운 것까지 신라 고분 150여 기가 남아 있다.

특히 시내의 평지에 자리한 황남리고분군(대능원), 노동리고분군, 노서리고분군은 신라가 강력한 왕권을 확립해나가는 5~6세기 무렵에 축조된 대표적인 고분군으로, 규모와 출토 유물의 화려함에서 신라 고분을 대표한다.

㉦ 1973년 천마총 발굴 때 출토된 천마도. 말안장 아래에 흙이 튀는 것을 막기 위해 드리우는 다래에 그려진 그림으로 신라 유일의 회화 작품이다.

㉠ 신라의 고분 가운데 가장 큰 것으로 알려져 있는 황남대총의 북쪽 무덤에서 출토된 금관. 신라 금관은 현재까지 모두 6점이 출토되었다.

이들 고분군에서 출토된 금관을 비롯한 각종 금제 장신구, 유리잔, 토기, 천마도 등은 당시의 생활상을 파악할 수 있는 매우 귀중한 유물들로 국립경주박물관으로 옮겨 보관되고 있다.

대능원이라 불리는 황남리고분군은 신라시대의 왕·왕비·귀족들의 능이 모여 있는 곳으로, "미추왕味鄒王을 대릉大陵에 장사지냈다"는《삼국사기》의 기록에서 따온 이름이다. 천마총, 황남대총, 전傳 미추왕릉을 비롯한 능 20여 기가 있지만, 무덤의 주인이 밝혀진 곳은 단 한 곳도 없다.

천마총은 발굴 당시 자작나무 껍질에 그린 천마天馬의 그림이 나와 붙은 이름이다. 발굴 조사된 고분 가운데 '대능원' 안에 있는 '천마총'이 유일하게 그 내부가 공개되어 있다. 무덤 속으로 들어가지만 지하로 내려가지는 않는다. 땅을 파고 시신을 묻은 것이 아니라 그냥 평지 위에 시신을 놓고 그 위에 봉분을 얹은 형태이기 때문이다. 유물 가운데 금관도 출토되었는데, 지금까지 발견된 금관 중 가장 크고 화려하다.

황남대총은 신라 고분 가운데 가장 큰 것으로 알려져 있다(동서 길이 80m, 남북 길이 120m, 봉분 높이 23m). 두 개의 봉분이 잇닿아 있어 마치 표주박을 엎어 놓은 듯

지금은 건물과 불상은 모두 없어지고 주춧돌들만이 그 흔적을 보여주는 황룡사지. 1976년부터 계속되고 있는 발굴 조사로 4만 점이나 되는 유물이 출토되었다.

한 모양이다. 발굴 결과 남쪽이 남자, 북쪽의 무덤이 여자의 것으로 밝혀졌다. 남자의 묘에서 순장의 흔적이 발견된 것으로, 순장을 금한 지증왕 이전에 조성된 능임을 알 수 있다.

신라의 명성을 만방에 떨치다, 황룡사지구

신라의 유적을 이야기할 때 빼놓을 수 없는 것이 황룡사皇龍寺이다. 고려시대 몽골의 침입(1238년)으로 불에 타, 지금은 건물과 불상의 주춧돌들만이 그 흔적을 남기고 있는 폐사지이지만, 지금의 경주에서도 황룡사가 차지하는 면적은 대단하다. 현재까지 조사된 황룡사지는 380,087제곱미터, 4만여 점의 유물이 출토되었다. 진흥왕 14년(553)부터 짓기 시작하여 선덕여왕을 거쳐 경덕왕 13년(754)에 대종을 주조한 데 이르기까지 창건과 관련된 기록으로 미루어 보아, 황룡사

분황사 석탑. 돌을 벽돌처럼 잘게 잘라 쌓은 석탑으로 현재는 3층만 남아 있지만, 원래는 7층이나 9층이었을 것으로 추측하고 있다.

의 창건이 삼국 통일의 국가로서 신라의 저력과 위상이 집약된 국가 사업이었을 것으로 짐작할 수 있다.

전하는 기록들에 의하면 경내에 성덕대왕신종보다 4배나 큰 대종이 있었으며, 현대식 건물로 따져 20층은 족히 넘는 높이의 80여 미터짜리 구층목탑, 인도에서는 만들지 못하고 비로소 신라 황룡사에서만 만들 수 있었다는 약 5미터 높이의 장륙존상(인도의 아육왕이 철 5만 5천 근과 황금 3만 푼을 모아서 불상을 만들고자 하였으나, 계속 실패하기에 그것을 배에 실어 바다에 띄워 보냈는데, 이것이 신라 앞바다에 당도하여 비로소 황룡사 장륙존상을 조성하였다는 이야기가 전한다) 등이 있었다고 한다. 상상을 초월하는 황룡사의 위용은 폐사지인 지금도 그 장엄함과 웅혼함을 드러내고 있다. 특히 이웃한 아홉 나라에게 신라의 힘을 과시하기 위한 성격으로 세운 구층목탑은 경주 도성 어디에서나 볼 수 있는 신라 최고의 상징물이었을 것으로 여겨진다.

황룡사와 담장을 나란히 하고 있는 분황사芬皇寺 역시 신라의 대표적인 승려인 원효元曉와 자장慈藏이 머물렀던 신라의 대표적인 명찰이다.

수도 외곽을 방어하라, 산성지구

경주는 사방이 산지로 둘러싸인 분지에 자리 잡고 있다. 따라서 외적의 침입에 대비한 산성이 많은데, 산성 가운데 경주역사유적지구의 문화유산으로 지정된 것은 경주의 동쪽에 자리 잡은 명활산(266m)에 쌓은 명활산성明活山城이다. 경주 서쪽의 선도산성仙桃山城, 남쪽의 남산성南山城과 더불어 당시 수도 경주를 방어하는 데 큰 구실을 하였으며, 475년 자비왕이 거주하였다는 사실로 미루어 규모도 상당하였을 것으로 짐작된다. 다듬지 않은 돌을 사용해 성벽을 쌓았는데, 이는 신라 초기의 축조방식이다.

경주는 한 나라의 수도로서 천 년을 유지해온 흔치 않은 역사성을 지니고 있다. 뿐만 아니라 고대와 중세를 거쳐온 역사 도시로서 오늘날의 현대 도시로 이어진 경우는 세계적으로도 아주 드물다. 2천 년을 이어온 경주의 이와 같은 역사성, 문화성은 도저히 복제될 수 없는 고유한 가치를 지니며, 한국 문화의 원형이 탄생된 공간이라는 매우 중요한 의미를 갖는다. 우리가 경주에 감탄하며 열광하는 이유 또한 경주를 고대와 현대가 행복한 조화를 이루며 발전하는 명품 도시로 가꾸어 나가야 하는 근거가 된다. ●

고창 고인돌 유적 중 죽림리 고인돌군. 고창읍 매산리, 도산리, 죽림리, 아산면 상갑리 일대의 산기슭 경사면에는 크고 작은 고인돌 수백 기가 널려 있다.

고창·화순·강화 고인돌 유적

Gochang, Hwasun, Ganghwa Dolmen Sites

한반도 청동기시대의
수수께끼를 푸는 열쇠

한반도에 사람이 살기 시작한 시기는 대략 70만 년 전 구석기시대로 추정된다. 기원전 1000년 무렵에 이르면 원시 농업 경제 사회라 이름할 만한 단계의 청동기시대가 시작된다.

농업과 목축업을 생활화한 이 시대의 가장 큰 특징은 구리를 주 원료로 주석이나 아연을 섞어 만든 청동기를 도구로 사용했다는 점이다. 농경의 발달로 인한 잉여 생산이 생기면서 사회집단 내부에는 다스림을 받는 자와 다스리는 자가 생겨나기 시작하고 청동기를 사용하는 우세한 지위를 가진 권력자도 나선다.

청동기는 대부분 '지석묘地石墓'라 불리는 고인돌에서 출토되고 있다. 고인돌은 말 그대로 '돌을 고였다' 하여 붙여진 이름으로, 청동기시대의 대표적인 무덤 형식이다. 무덤 속에는 주검만을 묻는 것이 아니라 그 안에 토기나 석기, 청동기 등의 다양한 유물을 넣기도 하므로, 무덤은 그 시대의 사회상을 파악하는 데 매우 중요한 유적이 된다. 더군다나 고인돌은 박물관의 전시실이 아닌 자연 현장에서 뚜렷하게 대면할 수 있는 거의 유일한 청동기시대 유적이다.

고인돌은 전 세계에서 발견되고 있지만, 특히 중국과 우리나라, 일본 등 동북아시아 지역에서 많이 발견된다. 그중에서도 우리나라는 실로 '고인돌 왕국'이라는 표현을 쓸 만큼 많은 수의 고인돌이 발견되었다. 지금까지 남한에서 약 3만여 기, 북한에서 약 1만 기에서 1만 5천 기에 가까운 고인돌이 발견되었는데, 이는 세계 고인돌의 40퍼센트 이상에 해당하는 수이다.

세계 고인돌의 40퍼센트 이상이 우리나라에 모였다

고인돌은 우리나라 어디에서나 볼 수 있다. 워낙 흔하다 보니 단순한 바위덩이와 구분하기도 힘들어서 무심히 지나치곤 했다. 또 농부들이 논밭을 갈다가 거추장스러워 들어내거나 부수어 버리는 경우도 없지 않았다. 이렇게 하여 훼손된 것도 상당수일 것으로 추정된다.

우리나라의 고인돌은 주로 서해안 지역, 그중에서도 호남지방에 집중적으로 밀집되어 있다. 호남지방에서 발견된 것만 해도 2만여 기에 이른다. 이 가운데 세계유산으로 등재된 고창·화순·강화 고인돌 유적은 보존 상태가 좋고 밀집도 측면이나 형식의 다양성 면에서 고인돌의 형성과 발전 과정을 규명하는 중요한 단서가 되고 있다.

우리나라 고인돌의 생김새는 다른 지역의 고인돌과 달리 매우 독특하다. 대개의 고인돌은 지상이나 지하의 무덤방 위에 거대한 덮개돌을 얹어 만든다. 무덤방의 위치나 형식에 따라 고인돌을 구분하기도 하지만, 대개는 덮개돌의 형태에 따라 크게 '탁자식卓子式'과 '바둑판식'(기반식基盤式이라고도 함), '개석식蓋石式', '위석식圍石式'으로 나눈다.

고창 고인돌이 모여 있는 매산리, 도산리, 죽림리, 상갑리 일대의 전경. 고인돌을 무덤으로 사용한 청동기시대 사람들은 이처럼 넓은 들판이 내다보이는 낮은 언덕에 집자리를 마련하고 살았다.

탁자식 고인돌은 잘 다듬은 판석 3~4매를 땅 위에 고임돌로 세워 돌방을 만들고 주검을 놓은 뒤 그 위에 덮개돌을 얹은 모습이고, 바둑판식 고인돌은 땅 아래에 판석을 세우거나 깬돌을 쌓아 무덤방을 만들어 주검을 묻고 땅 위에 고임돌을 낮게 놓은 상태에서 덮개돌을 얹은 모습이다. 바둑판식 고인돌과 비슷하지만 고임돌 없이 덮개돌만 얹은 것이 개석식 고인돌이다. 위석식 고인돌은 무덤방이 지상에 노출되어 있고 여러 매의 판석이 덮개돌의 가장자리를 따라 돌려 세워진 형태로 우리나라 제주도에서만 보인다.

덮개돌은 생김새와 크기도 다양하고 무게도 수십 톤에서 수백 톤에 이를 만큼 다양하다. 고인돌의 덮개돌 무게는 보통 10톤 미만이지만 대형의 고인돌은 20~40톤에 이르며, 심지어 100톤 이상도 있다. 이러한 고인돌을 축조할 때 가장 어렵고 중요한 작업이 덮개돌의 채석과 운반이다. 덮개돌은 주변 산에 있는 바위나 암벽에서 떼어낸 바위를 이용하였다. 실험고고학에 의하면 탁자식 고인돌의 경우, 덮개돌 1톤의 돌을 약 1.5킬로미터 옮기는 데 16~20명이 필요하며, 32톤의 큰 돌을 둥근 통나무와 밧줄로 옮기는데 200명이 필요하다고 한다. 수십 톤에서 수백 톤에 이르는 고인돌을 세우려면 수많은 사람이 동원되어야 하

화순 효산리 고인돌 채석장. 이곳 산 정상 부근에는 고인돌의 축조 과정을 보여주는 채석장이 있어 당시의 석재를 다루는 기술이나 고인돌 축조에 따른 과정까지도 한눈에 알 수 있다.

고, 오늘날과 같은 중장비도 없었을 텐데 어떻게 거대한 고인돌을 세웠을까?

우선 쓸 만한 돌을 찾아내거나 커다란 암반에서 떼어내는 방법으로 석재를 구한다. 암반으로부터 떼어낼 때에는 바위 결을 따라 난 조그만 틈에 깊은 홈을 파서 나무말뚝을 막고 물에 적시는 방법을 택한다. 이렇게 하면 물에 불어난 나무가 바위를 쩍 하고 가른다.

떼어낸 돌을 운반하는 작업은 큰 통나무 여러 개를 깔아놓고 옮긴다. 땅을 파서 고임돌을 세운 뒤에는, 고임돌의 꼭대기까지 흙을 쌓아올려 경사가 완만하게 둔덕을 만들고, 둔덕을 따라 덮개돌을 올린 뒤, 흙을 치우면 고임돌 위에 덮개돌이 얹힌다. 고임돌과 덮개돌로 인해 생긴 공간에 주검과 부장품을 넣은 후 편편한 돌판으로 막으면 모든 과정이 마무리된다.

물론, 이와 같은 방식으로 고인돌을 세웠으리라 추정할 뿐이다. 이 밖에도 고인돌의 축조기술은 암벽에서 돌을 떼어내는 고도의 기능을 가진 석공이 필요하며, 이를 좀 더 쉽게 운반하고 받침돌 위에 정확하게 올리는 토목설계의 기술

유네스코 세계유산으로 등재되기 전인 1992년경의 고창 죽림리의 고인돌군. 정비된 지금과는 달리 계단식 논 위로 100기가 넘는 고인돌이 펼쳐져 있어 또 다른 장관을 연출했다.

고창 도산리 고인돌. 탁자 모양 고인돌의 전형을 보여주는 고인돌로 높이 1.9미터의 고임돌 2기를 약 65센티미터 간격으로 세우고 그 위에 얇고 넓은 덮개돌을 올려놓았는데 균형 잡힌 그 모양이 아름다워 고창의 고인돌을 대표한다.

을 요한다. 엄청난 무게를 가진 고인돌의 축조는 많은 상상력과 불가사의한 의문을 갖게 한다.

탁자식 고인돌은 주검이 땅 위에 놓이므로 고임돌 위에 덮개돌을 얹어야 하는 수고가 들지만, 고임돌이 작거나 없는 개석식 고인돌의 경우에는 덮개돌을 운반하여 땅 위에 놓으면 작업은 끝난다. 작업량으로 보아 더 많은 노동력이 동원되어야 세울 수 있는 탁자식 고인돌을 세운 집단이 사회적으로 좀 더 우세하였을 것으로 짐작해볼 수 있다. 고임돌이 작거나 없는 고인돌의 경우에는 부장품이 단출하거나 없는 경우도 있다.

대체로 탁자식 고인돌은 대부분 한반도 중부 이북에서, 고임돌이 작거나 없는 고인돌은 전라도나 경상도를 비롯한 남부지방에서 발견되고 있다. 그리하여 탁자 모양의 고인돌을 북방식, 바둑판 모양이나 고임돌이 없는 방식의 고인돌을 남방식이라 구분하기도 한다.

짧은 시간에 가장 많은 고인돌을 보려면, 고창 고인돌

고창 고인돌은 전라북도 고창군 죽림리와 상갑리, 도산리 일대에 무리지어 있다. 죽림리와 상갑리 일대의 고인돌은 죽림리 매산마을을 중심으로 산기슭을 따라 447기가 약 1.8킬로미터나 이어진다. 우리나라뿐만 아니라 세계적으로도 고인돌이 가장 조밀하게 밀집해 있는 지역이다.

탁자식, 바둑판식, 개석식 등 우리나라에서 볼 수 있는 각종 형식의 고인돌과 다양한 크기의 고인돌이 모두 모여 있는 것도 고창 고인돌의 특징이다. 고창 고인돌 대부분이 바둑판식인데, 도산리 지동마을에 있는 탁자식 고인돌은 남쪽 한계선으로 학술적 가치가 높다.

고인돌에서 이렇다 할 만하게 권력을 상징할 부장품이 발견되지 않은 것으로 미루어, 고인돌은 당시 일반적인 무덤양식으로 남녀노소, 신분의 높고 낮음에 관계없이 누구나 묻힐 수 있었던 것으로 판단된다. 기원전 400~500년 무렵 낮은 야산과 농사짓기 좋은 고창 지역에 터를 잡았던 사람들의 무덤이 아닐까 추정되지만, 그렇더라도 청동기를 소유한 자와 그렇지 못한 자의 격차는 엄연히 존재했을 것으로 보인다. 그런 점에서 이 지역을 지배했던 족장들의 가족 무덤일 가능성도 제기된다.

ⓡ 고창 매산리 고인돌. 고창 지역에서 흔히 볼 수 있는 바둑판 모양의 거대한 고인돌이다.

ⓐ 화순 핑매바위 고인돌. 무게가 무려 280톤이 넘는 초대형 고인돌로 크기나 모양새 때문에 처음에는 거대한 바윗돌이라 여겼으나 2000년, 2003년 발굴 결과 인위적으로 만든 고인돌로 판명되었다.

ⓩ 화순 대신리 감태바위 고인돌군. 덮개돌은 없어지고 고임돌만 남아 무덤방이 그대로 드러난 고인돌부터 탁자식, 바둑판식, 개석식까지 다양한 종류가 밀집되어 있다.

강화 부근리 고인돌은 남한에서 발견된 3만 기가 넘는 고인돌 가운데 크기뿐만 아니라 세련된 조형미까지 갖추고 있어 우리나라 고인돌을 대표한다.

고인돌 문화의 산 교육장 화순 고인돌

전라남도 화순군 도곡면 효산리와 춘양면 대신리 일대의 보검재 계곡을 따라 약 5킬로미터에 달하는 지역에 고인돌 597기가 집중적으로 모여 있다. 화순 고인돌은 비교적 최근(1995년)에 처음 학계에 보고되었으며, 발견 당시 숲 속에 비교적 원래 상태 그대로 묻혀 있었고, 보존 상태도 매우 양호했다.

탁자식, 바둑판식, 개석식까지 다양한 형태의 고인돌들이 있으며, 고인돌의 규모도 커서 100톤 이상 되는 고인돌도 수십 기이고, '핑매바위(길이 7.3m, 폭 5m, 두께 4m)'라 불리는 고인돌은 무려 280여 톤에 이를 것으로 추정되어 그 규모가 세계 최대라 할 수 있을 정도이다.

대신리 지동마을 입구에 자리한 대신리 고인돌 35기의 발굴 조사 결과 석기류, 토기류 등 다양한 유물이 출토되었는데, 대신리 고인돌 무덤방에서 나온 목탄의 방사성탄소연대放射性炭素年代 측정 결과 기원전 550년, 토기열발광연대土器熱發光年代 측정이 770년으로 나와 고인돌이 기원전 500~800년 사이에 축조되었음을 증명해주었다.

화순 고인돌의 가장 큰 특징은 고인돌의 축조 과정을 보여주는 채석장이 고인돌 위 산기슭에서 함께 발견되었다는 점이다. 채석장 아래에는 덮개돌의 채석 흔적과 채석하다 중단한 석재 등이 남아 있고, 그 아래에는 여러 형태의 고인돌이 있어 당시의 석재를 다루는 기술이나 고인돌 축조에 따른 일련의 과정을 한눈에 확인할 수 있다.

탁자식 고인돌 가운데 가장 크고 멋진 강화 고인돌

인천광역시 강화군 하점면 부근리, 삼거리, 고천리, 오상리, 교산리 등에 위치하고 있는 강화 고인돌은 주로 고려산 북쪽 산기슭에 분포하고 있다. 모두 127기이며, 군집을 이루기보다는 흩어져 있는 상태이다. 이 가운데 세계유산으로 등재된 고인돌은 보존 상태가 양호한 70기다. 강화 고인돌은 산기슭, 구릉, 평지, 산마루 등 아주 다양한 곳에 세워졌으며, 우리나라 고인돌이 위치한 평균 고도보다 높은 해발 100~200미터까지 고인돌이 자리하는 특징이 있다. 해발 300~350미터 지점에 놓인 고천리 고인돌은 현재까지 고인돌 장소로는 가장 높은 곳에 위치하고 있다.

특히 부근리 밭 가운데 있는 탁자식 고인돌은 우리나라 고인돌 가운데 가

고려산에서 흘러내린 능선 끝자락에 자리한 강화 부근리 점골 고인돌로 덮개돌의 무게로 인해 한쪽 고임돌이 쓰러져 기울어진 모습이다.

장 큰 축에 들 뿐만 아니라 세련된 조형미까지 갖추어 일찍부터 명성이 높았다. 땅 위에 솟은 높이가 2.45미터 되는 고임돌 두 개가 남북 방향으로 나란히 놓이고 그 위에 길이 6.4미터, 너비 5.23미터, 두께 1.12미터, 무게가 무려 50톤이나 되는 덮개돌이 얹혀 있다. 덮개돌 아래에 2개의 대형 고임돌을 세워 무덤방 내부가 마치 긴 통로처럼 되어 있다. 고임돌은 동쪽으로 30도 정도 기울어져 있고, 덮개돌은 거의 지면에서 수평으로 놓여 있다. 주검이 놓이는 돌방이 땅 위에 노출된 탁자식 고인돌은 대부분 일찌감치 도굴당하거나 훼손되어 부장품이 거의 발견되지 않고 있는데, 부근리 고인돌 역시 부장품이 없다. 무덤으로서의 기능보다는 어느 집단을 상징하는 기념물이거나 제단일 가능성도 제기되고 있다.

고인돌은 커다란 자연석이나 가공한 돌을 이용하여 만든 구조물 곧, '거석문화'로 불리는 선사 유적 가운데 하나이다. 거석문화는 인간이 어떤 목적의식을 가지고, 자연석 또는 가공한 돌로 구조물을 축조하여 숭배의 대상물이나 무덤으로 이용한 문화를 말하며, 일반적으로는 선사시대에 속한 기념물이나 거석 무덤에 국한하여 통칭하고 있다. 보통 무덤이나 기념물 또는 제사 장소로 추정되는 이들 거석문화는 지역마다 형태나 쓰임은 달랐지만, 대체로 농경생활에 기초한 정착 사회 단계에서 집중적으로 나타나는 공통점이 있다. 이집트나 아메리카 대륙의 피라미드, 영국의 스톤헨지, 프랑스의 카르낙 열석, 이스터 섬의 모아이, 말타의 신전 등이 거석문화로 손꼽히는 유적이다. 우리나라의 고인돌 또한 이들과 어깨를 나란히 하는 거석문화이다.

거석문화, 특히 고인돌은 외형적인 특징으로 인해 일찍부터 많은 관심과 연구의 대상이 되어 왔다. 선사시대 문화상을 파악할 수 있고 나아가 사회구조, 정치 체계는 물론 선사시대 사람들의 정신세계를 엿볼 수 있다는 점에서 중요한 자료가 되기 때문이다. 그러나 고인돌의 기원이나 형식의 변천, 편년, 출토 유물 간의 관계 등에 대해서는 확실한 정설이 없다. 여러 가지 해결하지 못한 과제가 많은, 그래서 더 연구와 상상의 여지가 많은 문화유산이다. ●

수중 분출로 형성된 기생화산인 성산일출봉은 주변 바다와 어우러져 뛰어난 경관을 보여준다.

제주 화산섬과 용암동굴

Jeju Volcanic Island and Lava Tubes

섬 전체가 '화산박물관'

약 120만 년 전부터 2만 5000년 전에 이르기까지 크게 네 단계의 화산 활동으로 생겨난 제주는 섬 전체가 '화산박물관'이라 할 만큼 눈길 닿는 곳 어디에나 다양하고도 독특한 화산 지형과 아름다운 경관을 펼쳐 보인다.

제주의 화산 지형들은 지질학상으로 비교적 최근이라고 할 수 있는 신생대 4기에 생겨나 화산의 원지형을 잘 보존하고 있고, 화산 활동과 관련된 화산 지형의 형성 과정과 변화 등을 연구하는 데 중요한 자료이다.

특히, 한라산과 368개의 소규모 기생화산(제주말로 '오름'이라 함, 하나의 화산체가 갖는 기생화산의 수는 세계 최대이다), 현무암 용암 분출로 형성된 용암동굴은 화산 지형의 특성을 나타내는 대표적인 예로서, 뛰어난 풍광과 지구의 지질학적 역사를 잘 보여주는 학술적 가치를 지닌다.

유네스코에서는 자연경관이 뛰어난 곳, 멸종 위기의 생물의 서식지 그리고 지질학적으로 지구의 역사를 잘 나타내는 지역을 '세계(자연)유산'으로 등재하여 보호하는 제도를 운영하고 있다. 단순히 어느 한 지역 자체가 아름답다는 이유로 그렇게 하는 것이 아니라, 그 지역의 지질학적, 생물학적인 가치가 다른 지역에 비해 매우 뛰어나다는 판단이 설 때 세계(자연)유산으로 등재한다. 주관적으로 판단될 수밖에 없는 미적인 관점보다는 객관적, 학술적 가치에 더 많은 무게를 두고 있는 것이다.

한라산 정상의 백록담은 깊이 111미터, 둘레 1720미터의 오목한 지형의 화구호로 신선들이 흰 사슴을 타고 놀았다는 전설이 전해온다.

우리나라는 뛰어난 자연미를 갖추고 있으면서 독특한 화산 지형과 생태계를 보여주는 제주의 아름다운 자연 가운데 특히 화산 지형의 주요 특징과 특이성이 두드러지는 '한라산 천연보호구역', '거문오름 용암동굴계', '성산일출봉 응회구' 세 곳을 '제주 화산섬과 용암동굴'이라는 이름으로 2007년 유네스코 세계(자연)유산으로 등재시켰다. 우리나라에서는 첫 번째 세계(자연)유산이다.

드물고 독특한 태생과 생태, 한라산 천연보호구역

제주도는 동서로 길이가 약 70킬로미터, 남북으로 약 30~35킬로미터 되는 타원형의 모습이며, 면적은 서울의 3배 크기 정도인 1847.2제곱킬로미터이다. 섬 중심부에는 1950미터 높이의 한라산이 우뚝 솟아 있고, 이 산세가 해안 지역까지 대체로 완만한 경사를 이루며 흐른다. 제주섬을 하나의 큰 산이라고 말하는 이유이기도 하다. 이 가운데 제주도 전체의 8.3퍼센트에 해당하는 섬 중앙부에 자리한 한라산 일대 151.35제곱킬로미터가 천연보호구역으로 지정되어 있다.

한라산의 외형은 얼핏 단순해 보이지만, 산꼭대기에 자리한 화구호火口湖인

윗세오름의 철쭉꽃과 구상나무 고사목 군락 너머로 보이는 한라산의 정상. 한라산은 전체적으로는 지형이 완만한 순상화산체를 이루나 정상부는 경사가 가파른 종상화산체를 이룬다.

백록담, 가파른 기암절벽의 모습이 장관인 '영실기암'(용암이 급히 식으면서 형성된 주상절리)을 비롯한 40여 기의 오름들이 어우러지면서 독특하고 다양한 화산 지형의 경관을 드러낸다. 기후 변화가 크고 식생 분포 또한 다양하여, 계절과 방향에 따라 신비로운 장관을 숱하게 연출한다.

백록담은 동서 약 700미터, 남북 약 500미터, 둘레가 1720미터인 타원형의 호수로 그 깊이는 111미터에 달한다. 한라산이 전체적으로 순상화산楯狀火山(유동성이 큰 용암이 넓은 면적에 고루 퍼져 비교적 완만한 경사를 이룬 화산)을 이루고 있으나, 백록담은 종상화산鐘狀火山(점성이 강한 용암이 분출하여 화구 위로 솟아 종을 엎은 모양으로 된 화산)의 특징인 가파른 경사를 보인다. 특히 한라산은 순상형 화산이면서도 대륙판에서 분출한 독특한 특징을 지니고 있다. 순상형 화산은 전 세계적으로도 전체 화산의 10퍼센트 이내로 매우 드물 뿐만 아니라, 대부분은 해양판에서 분출한다.

그런가 하면 한라산은 저지대에서 정상까지 다양하게 펼쳐지는 생태계가 매우 흥미롭다. 고도가 높아짐에 따라 기온이 내려가므로 아열대·난대·온대·한대 식물의 분포가 수직적으로 분포한다. 뿐만 아니라 아열대 식물의 북방한계, 한대 식물의 남방한계 지역에 해당하는 식물 생태계까지 갖추고 있다.

우리나라에서 자라는 4000여 종의 식물 가운데 절반 가까운 1800여 종이 자라는 한라산은 그야말로 살아 있는 생태공원이자 식물원이다. 특히 한라산 정상부에 분포되어 있는 '구상나무 숲'과 특산종들을 포함한 다양한 '극지 고산식물'들을 주목할 만하다.

구상나무는 생김새가 마치 소나무나 전나무 같으며 추운 곳에서 즐겨 사는 나무로, 아열대 기후를 보이는 제주도에 자리 잡은 것 자체가 매우 흥미로운 일이다. 한라산 정상 부근에 자생하는 구상나무 숲은 세계에 하나뿐이거니와 최대 규모(603ha)이기도 하다. 약 1만 2천 년 전 빙하기에 추위를 피해 우리나라까지 내려왔다가 한라산의 고산지대에 터를 잡은 것으로 추정된다.

한라산 정상 부근에 자라는 극지 고산식물은 46과 146종에 달한다. 한라산은 이들 극지 고산식물의 남방 한계 분포지다. 옛날 제주 사람들에게 불로초로 여겨지기도 했던 '시로미', 다 자라도 키가 2센티미터밖에 되지 않는 세계에서 가장 작은 '돌매화나무' 등은 매우 희귀한 식물이다.

한라산에 사는 극지 고산식물에는 제주 특산종 33종, 한국 특산속 1속, 남방한계 분포종 56종, 북방한계 분포종 3종이 포함되어 있기도 하다. 이들은 학술적으로나 식물유전자원적 측면에서 그 중요성과 가치가 매우 높다.

땅 위에서는 상상할 수 없는 신비로운 거문오름 용암동굴계

화산 활동으로 생겨난 섬 제주도는 지표면의 90퍼센트 이상이 화산암인 현무암으로 뒤덮여 있다. 이 가운데 한라산에서부터 중산간 지역 그리고 해안에 이르기까지 제주 전역에 흩어진 기생화산들은 제주만의 고유한 자연경관을 만드는 데 크게 기여하는 화산 지형이다.

제주말로 '오름'이라 부르는 이들 기생화산은 모두 368개, 10만 년에서 2만 5천 년 사이에 한라산 주변에서 일어난 100여 차례 이상의 화산 활동으로 생겨났다. 제주도의 면적을 감안할 때 오름 군락으로서는 그야말로 세계 제일의 밀집도를 보인다.

한라산 정상에 있는 분화구인 백록담을 비롯하여 성산일출봉, 수월봉, 송악산, 산방산, 산굼부리 등 독특하고 아름다운 자연경관으로 명성이 자자한 이들 모두가 기생화산이다.

한라산과 368개의 기생화산이 땅 위에 드러나는 대표적인 화산 지형이라면, 용

검은오름은 해발고도 456미터의 그리 크지 않은 오름이나 검은오름 용암동굴계를 형성한 용암의 공급지며 용암계곡의 독특한 지질·지형적 특성으로 인해 난·온대식물이 공존하는 식생과 식물상을 갖고 있다.

암동굴은 땅속에 감추어진 제주 화산 지형을 대표한다.

제주도에 분포하는 368개의 기생화산 가운데 하나인 거문오름(456m)은 제주 동북쪽 방향에 자리하고 있다. 이 화산체로부터 흘러나온 용암류가 경사를 따라 북동쪽 방향으로 해안선까지 도달하면서 20여 개의 동굴을 만들어냈다. 이를 통틀어 거문오름 용암동굴계라 한다. 거문오름 용암동굴계는 30만 년 전에서 10만 년 전 사이 여러 차례에 걸친 화산 분출로 이루어졌으며, 대규모 용암동굴이 형성되고 진화하는 과정을 그대로 간직하고 있다. 거문오름 주변에 발달한 용암동굴들은 길이, 구조, 구성 성분 등이 매우 다양한데, 이 가운데 세계(자연)유산에 포함된 부분은 거문오름, 만장굴, 김녕굴, 벵뒤굴, 당처물동굴, 용천동굴이다.

만장굴은 단일 동굴의 길이가 무려 7416미터에 달하고, 김녕굴은 뱀을 닮았다고 하여 오랫동안 '사굴蛇窟'로 불려왔다. 만장굴과 김녕굴 간의 거리는 약 80~100미터이며, 생성 초기에 두 동굴은 연결되어 있었으나 동굴 내부를 흐르던 용암에 의하여 중간 부분이 막혀 분리된 것으로 판단된다. 벵뒤굴은 미로형 동굴이라 불릴 만큼 구조가 매우 복잡하며, 제주 특산종인 노래미와 거미의 서식지이기도 하다. 당처물동굴과 용천동굴은 용암동굴이면서 석회동굴에서

용천동굴 내부. 용암동굴의 가장 전형적인 형태를 보여주는 대형 동굴이면서 동굴 위 지표면을 덮고 있는 탄산염 성분의 모래가 빗물에 녹아 들어와 마치 석회동굴과 같이 2차 생성물을 다양하게 발달시켰다.

용천동굴의 동굴 생성물들. 용암동굴에 탄산염 성분이 스며들어 다양한 동굴 생성물을 형성하였다. 왼쪽 위부터 시계 방향으로 백색의 동굴산호, 별 모양의 동굴팝콘, 동굴 진주, 황색의 동굴 산호.

천 년의 호수라 불리는 용천동굴 막장에 있는 호수. 아직도 그 크기가 정확히 밝혀지지 않은 미지의 세계다.

볼 수 있는 생성물들이 나타나 아름다운 경관을 연출한다. 당처물동굴은 규모가 매우 작은 동굴이지만, 이 동굴 내에서 발견되는 석회질 동굴 생성물은 세계 최고의 아름다움을 자랑하며, 용천동굴의 큰 규모와 석회질 동굴 생성물도 세계 어디서도 볼 수 없는 화려한 장관을 이룬다. 특히 동굴 내부에는 석회암 동굴에서나 볼 수 있는 다양한 형태의 종유관, 종유석, 석순, 석주, 동굴산호, 동굴진주, 석화, 커튼(베이컨시트), 유석, 휴석 등의 2차 동굴 생성물이 잘 발달하고 있다. 이들 석회질 동굴 생성물의 규모, 형태, 분포 및 밀도는 가히 세계적인 수준이며 매우 드문 예로 평가된다. 용천동굴과 당처물동굴의 석회동굴 생성물들은 땅 위에 퇴적되어 있던 탄산염 성분의 모래가 빗물에 용해되어 동굴 내부로 흘러드는 동안, 물에 녹아 있던 탄산칼슘이 다시 침전된 결과로 추정된다.

거물오름 용암동굴계는 거문오름에서 시작되어 해안가의 당처물동굴까지 거의 직선으로 형성되며, 크게 3개 방향의 동굴계가 형성되어 있다. 규모가 가

장 큰 제1동굴계는 14.6킬로미터, 제1동굴계와 거의 나란한 제2동굴계는 13.2킬로미터, 거문오름에서 북서쪽으로 방향을 트는 제3동굴계는 8.2킬로미터로 전체 길이가 약 36킬로미터에 이른다.

수중 화산 형성 과정을 이해하는 열쇠, 성산일출봉 용회구

제주 전역에 퍼져 있는 제주의 오름은 모양이 제각각이다. 오름의 대부분은 다랑쉬오름이나 샛별오름처럼 땅 위에서 한 번의 화산 폭발로 공중에 올라갔던 화산쇄설물, 그중에서도 검은색 또는 붉은색의 구멍이 많은 쇄설물인 '송이'가 떨어져 쌓인 '분석구噴石丘'이다.

그런가 하면 뜨거운 마그마가 바닷물이나 지하수 등 물을 만나 커다란 폭발을 일으키며 만들어낸 화산재가 모여 이루어진 '응회암'으로 구성된 오름도

있다. 이들 오름 가운데 분화구 둘레의 경사가 비교적 급한 것을 '응회구凝灰丘', 응회구 가운데 화구의 크기에 비해 근처에 쌓이는 쇄설물이 적고, 경사가 완만하여 둥근 모양의 낮은 언덕을 갖는 것을 '응회환凝灰環'이라 부른다.

제주 동쪽 끄트머리에 반도를 이루고 있는 성산일출봉(179m)은 응회구의 대표적인 예이다. 해 뜨는 오름으로도 불리는 성산일출봉은 약 12만 년에서 5만 년 전에 얕은 수심의 해저에서 화산 분출에 의해 형성된 전형적인 수성화산水性火山이다. 특히 '일출봉'이라는 이름에서 알 수 있듯이 이곳에서 바라보는 일출의 경관이 매우 장엄하다.

분화구는 직경 570미터, 깊이는 90미터에 이르며, 분화구 둘레의 외벽 경사가 매우 가파르다. 커다란 성채나 왕관을 떠올리게 하는 웅장한 외형만으로도 눈길을 끄는 성산일출봉은 사발 모양의 분화구 원형을 잘 간직하고 있는 데다가 북서쪽을 제외한 바다와 접하는 삼면 절벽은 모두 파도에 의해 침식된 상태로 화산 내부 구조들을 잘 보여주고 있어서, 화산의 형성 과정을 이해하는 데 중요한 연구 자료가 되고 있다.

본래는 제주섬과 떨어져 있었으나 너비 500미터 정도의 사주沙洲(파도가 쌓아 놓은 모래나 퇴적물의 언덕)가 1.5킬로미터에 걸쳐 발달하여 성산일출봉과 제주섬을 이어놓았다.

총 길이가 705미터이며, 꾸불꾸불한 동굴의 형태 때문에 오래전부터 '사굴'로 불린 김녕굴. 웅장한 규모와 함께 용암의 흐름을 잘 보여주는 용암 유선구조(流線構造, lava flowline)가 발달되었다.

그 밖에도 제주의 화산 지형에는 송악산처럼 수중화산에서 육상 분화로 변해가는 양상을 보여주는 '이중 화산체二重火山體(분석구와 응회구의 특성을 모두 갖춤)', 산방산처럼 용암이 솟구친 뒤 넓게 흐르지 못하고 분화구에 굳어져 만들어진 '용암원정구鎔巖圓頂丘'도 있다.

좁은 면적 안에 이처럼 다양한 화산 지형을 갖추고 있는 곳은 제주 말고는 세계 어디에도 없다. 제주 섬 그 자체가 그야말로 '화산박물관'이다.

제주는 독특하고 다양한 화산 지형, 변화무쌍한 기후, 이를 반영한 특이한 생태계, 제주 고유의 문화 등등의 여러 층위가 섬이라는 한정되고 좁은 자연 속에 어우러지면서 독특한 아름다움과 조화를 보여준다. 자연적이고 생태적이고 문화적인 다양한 것들이 모여 새로운 질서를 이루어낸 결과로서 독특한 아름다움을 간직하고 있기에 제주의 존재는 더욱 돋보인다. 제주도의 자연환경은 학술, 문화, 산업 및 관광 자원의 면에서 매우 중요하고, 수많은 기생화산과 용암동굴은 지구의 화산 생성 과정 연구에 있어 큰 학술적인 가치를 지닌다. ●

당처물굴 내부. 석회동굴에서 발견되는 종유석, 석순, 석주 등이 용암동굴인 동굴 내부를 화려하게 수놓고 있다.

조선 제5대왕인 문종과 현덕왕후가 잠들어 있는 현릉. 현릉은 두 개의 언덕에 왕과 왕비의 봉분이 각각 자리한 동원이강릉이다. 정자각 뒤로 보이는 것이 문종 능, 비각 뒤가 현덕왕후 능이다.

조선왕릉

Royal Tombs of the Joseon Dynasty

숲 그곳에서,
오백 년 조선왕조를 만나다

조선시대 마을 공부방인 서당에서 공부하는 아이들이 가장 먼저 배우는 일종의 한자 학습서인 《사자소학四字小學》에는 '추원보은 제사필성追遠報本 祭祀必誠'이란 내용이 나온다. '먼 조상을 추모하고 근본에 보답하여, 제사를 반드시 정성스럽게 지내라'는 뜻이다.

예로부터 우리 선조들은 사람의 근본은 조상이라 생각하였다. 현재의 내 안에는 조상이 깃들어 있음과 동시에 후손에게 물려줄 미래가 고여 있기에, 조상과 나와 자손은 분리될 수 없는 것이었다. 이처럼 조상을 신격화하는 조상숭배의 전통은 유교주의를 택한 조선시대에 더욱 공고해졌다.

그래서 조상의 묘를 명당에다 쓰면, 조상이 왕성한 지기를 받고, 그 영향으로 자손들이 복록을 받는다는 음택풍수陰宅風水를 더욱 강력히 믿었고, 조상의 무덤을 정성껏 조성하고 관리하는 것을 당연하게 받아들였다. 조선시대 사람들에게 조상은 이처럼 절대적인 존경의 대상이었고, 무덤은 조상이 머무는 구체적이고도 각별한 공간이었다. 조선시대의 지배층이란 백성에게 인간으로서 마땅히 지켜야 할 도리의 모범을 보이는 존재였다. 하물며 왕실은 더 말할 나위가 없었다.

유교적 세계관이 확고했던 조선 왕실은 최고 통치자인 왕과 왕실 가족의 무덤에 지극한 의미를 부여했다. 죽은 왕의 무덤을 신성하고 엄숙한 성역으로 장엄하고, 조상이 된 죽은 왕의 무덤을 참배, 제사 지냄으로써, 백성에 모범을 보이고 왕실과 통치의 정당성과 정통성을 확고히 하는 수단으로 삼았던 것이다.

조선왕조는 1392년 개국 이래 왕조(1897~1910, 대한제국 포함)의 문을 닫는 1910년까지 519년의 세월을 이어오면서 27대에 걸쳐 왕과 왕비를 배출하였다. 조선왕릉이라 함은, 이들 조선의 역대 왕과 왕비의 무덤 42기를 말한다. 이 가운데 조선 개국 초기에 조성되어 현재 북한 개성에 자리한 태조왕비 신의왕후 제릉과 정종 후릉 2기를 제외한 40기의 왕릉이 서울 시내와 근교에 자리 잡고 있다. 2009년에는 이들 조선왕릉 40기 전체가 유네스코 세계유산으로 등재되었다.

유네스코는 풍수적, 유교적 전통을 근간으로 한 독특한 건축과 조경 양식을 보여주고, 제례의식을 통해 지금도 역사적인 전통을 이어오고 있는 점, 조선왕릉 전체가 통합적으로 보존·관리되고 있는 점 등을 조선왕릉의 보존 가치로 꼽았지만, 조선왕릉은 왕의 무덤이라는 건축과 조경 양식 말고도 여러 가지 의미를 지닌다. 무덤을 조성한 지역과 곁에 묻힌 인물들을 통해 당시 정치적 상황과 입장을 살펴볼 수 있으며, 왕릉 주변에 조성된 여러 석물들의 양식적 변화를 통해서는 당대의 미학과 미술사의 흐름까지 읽을 수 있다. 500년이 넘는 세월 동안 유교와 그 예법에 근거하여 조성되었기에 조선시대 전체를 꿰뚫는 정신세계와 동일한 공간 구성을 보여주고 있지만, 각 왕릉마다 그것을 조성한 시대마다 각기 다른 정치, 문화적 분위기와 역량도 함께 드러내고 있는 것이다.

죽은 자가 머무는 곳, 성과 속의 교감

조선왕릉은 주변 산세와 도성인 한양으로부터의 거리 등에 따라 입지가 조성되었다. 기본적으로 풍수적 길지吉地 곧, 배산임수의 지형을 갖춘 비산비야非山非野의 땅이 우선적으로 고려되었으며, 주변 산이나 지형지물 등을 이용하여 주변의 다른 시설물과 격리할 수 있어야 하고, 한양을 중심으로 4킬로미터 밖 40킬로미터 이내의 장소라야 했다. 이는 조상의 덕으로써 자손이 복록을 받을 수 있는 길지여야 하고, 또한 주변의 민가들과는 구분되는 성역이어야 하며, 왕의 참배 때 드는 비용과 백성의 수고를 덜기 위한 선택이었다.

이렇게 왕릉의 입지가 결정되면, 성聖과 속俗을 구분하는 유교적 예법에 따라 능역의 공간을 구성하였다. 능역은 크게 능침陵寢(성역) – 제향祭享(성역과 속세가 만나는 공간) – 진입(속세)의 세 공간으로 나뉜다. 능역의 크기나 봉분의 조영 방식, 문·무석인 등의 석물과 기타 시설물의 배치는 기본적으로 조선왕릉의 상설

하늘에서 내려다본 건원릉 전경. 조선을 창건한 태조 이성계의 능으로, 고려 왕릉 중 가장 잘 정비된 공민왕과 노국대장공주의 현정릉 제도를 따랐으나, 석물의 배치 등에 변화를 주고 봉분 주위로 곡장을 두르는 등 새로운 양식을 도입하여, 조선 능제의 표본이 되었다.

전형적인 조선왕릉의 상설제도를 잘 보여주는 선조 목릉의 능침 공간. 능침은 크게 세 단계로 나뉘는데 장대석으로 단을 구분하고 있고 각 단계마다는 석물을 구분하여 세워 놓았다.

象設(능역에 설치하는 모든 시설물과 석물을 일컫는다)제도를 따랐으나 왕릉 조성 당시의 시대상을 반영한 가감 등 약간의 변화가 적용되었다. 상설 가운데 특히 병풍석, 난간석, 혼유석, 문·무석인 등은 크기나 조각 수법이 시대에 따라 달라, 그 시대의 정서나 예술성을 달리하고 있어 생동감 있게 짚어볼 수 있는 대상이 되기도 한다.

능침 공간의 핵심이 되는 부분은 봉분이다. 봉분은 주변 산세와 지형에 따라 단릉·쌍릉·합장릉·삼연릉·동원이강릉·동원상하릉 등 다양한 방식으로 조형되었으나, 원형의 봉분 둘레에 병풍석과 난간석을 두르고 봉분을 수호하는 석호石虎, 석양石羊을 세우며 곡장曲墻을 두르고 그 둘레에 소나무를 심어 봉분의 존재를 강조하는 수법은 기본적으로 일치한다.

능침 공간은 장대석을 이용하여 세 단계로 나누는데, 가장 위쪽에서부터 죽은 왕의 영혼이 깃드는 상계, 문인의 공간인 중계, 무인의 공간인 하계이다. 상계에는 곡장과 봉분, 석호·석양, 혼유석과 망주석 등을 놓고, 중계에는 장명등과 문석인과 석마, 하계에는 무석인과 석마를 세웠다. 죽은 자를 위한 공간인 능침은 일반인의 출입이 금지되었다.

산 자가 죽은 자를 맞이하여 제사를 지내는 곳이 제향 공간이다. 홍살문을

태종과 원경왕후가 묻힌 헌릉을 수호하는 문·무석인들. 헌릉의 석물들은 망주석을 제외하고는 모두 다 두 쌍씩 배치되어 있어 조선시대 왕릉 중 석물의 수량이 가장 많다. 특히 문·무인석의 모습은 문·무를 겸비한 태종을 닮듯 형태가 뚜렷하면서 호방하다. 사진 왼쪽은 중계와 하계에 두 쌍씩 자리한 문·무석인이고 중앙은 무석인 오른쪽은 문석인이다.

들어서면 가마에서 내린 왕 또는 제관이 배위拜位에서 사배四拜하는 것으로 제례가 시작된다. 왕과 제관들은 참도參道(신도와 어도)를 따라 제수가 놓인 정자각으로 이동한다. 정자각 주위에는 축문을 태워 묻는 장소인 예감瘞坎, 능을 지키고 제수를 준비하는 수복방과 수라간, 비각 등이 있다.

그런가 하면 평소 왕릉의 관리와 제례 준비를 위한 공간이 진입 공간이다. 왕릉 관리인이 머무는 재실, 제례에 필요한 향 또는 기물을 보관하는 향대청, 전사청 등이 있다. 금천은 속세의 공간인 성역의 경계가 되는 작은 시내이다. 여기에 놓인 다리 곧, 금천교를 지나면 제향 공간이 시작되는 홍살문으로 이어진다.

죽은 이에게 바치는 존경과 기억, 산릉제례

조선왕릉의 가치를 더욱 빛나게 하는 것은 600년 넘게 이어져 내려오고 있는 왕릉에서의 제례의식 곧, 산릉제례山陵祭禮이다. 조선시대의 제례는 왕가에서부터 일반 사대부, 서민에 이르기까지 모든 사람이 실천한 의례였다. 무덤에서 치르는 제례는 사람이 그 자신 홀로 존재하는 것이 아니라 조상으로부터 물려받은 삶을 사는 존재라는 것을 일깨워주는 신성한 의식이었다.

조선은 개국 이래 산릉제례를 엄격하게 지켜왔으며, 해방 이후로는 전주이씨대동종약원에서 능기신제陵忌辰祭(기일에 올리는 제사)의 전통을 이어받아 오늘까지 그 전통을 잇고 있다. 능기신제로 인하여 조선왕릉은 단순히 기념비적인 건축물이 아니라 21세기에도 살아 있는 전통 문화유산이 되고 있다.

조선왕릉은 왕릉 하나하나가 완전한 형태를 갖추고 있는 고유의 유적이다. 조선왕릉의 가치는 왕릉 개개의 완전성은 물론이고 한 시대의 왕조를 이끌었던 역대 왕과 왕비의 왕릉이 모두, 그리고 대부분 원형 그대로 제자리에 보존되어 있다는 점에서 더욱 의미가 깊다.

세계유산으로 등재된 조선왕릉 40기는 대부분 서울 시내와 근교에 자리 잡고 있다. '능역은 한양성 사대문 밖 100리 안에 두어야 한다'고 밝힌 조선시대 최고의 법전인 《경국대전經國大典》에 따랐기 때문이다. 단, 단종 장릉은 예외다. 단종 장릉은 사후 240년 만에 복위되어 능호를 받았기 때문이다.

그런가 하면 조선 제10대 왕과 제15대 왕으로 재위했던 연산군과 광해군의 무덤은 조선왕릉에 포함되지 않는다. 조선시대에는 왕과 왕비를 포함한 왕실 가족의 무덤을 신분에 따라 능陵(왕과 왕비, 추존 왕과 왕비의 무덤) · 원園(왕세자와 왕세자비, 왕의 사친私親(재위한 왕의 부모)의 무덤) · 묘墓(기타 왕실 가족의 무덤)로 나누었는데, 연산군

㉦ 영조의 맏아들로 세자로 책봉된 지 3년 만에 세상을 떠난 추존 진종 영릉의 금천교와 홍살문. 금천교와 홍살문을 경계로 속세와 성역을 구분하고, 함부로 출입하는 것을 막는다.

㉦ 효종과 인선왕후의 봉분이 각각 앞뒤로 자리한(동원상하릉) 영릉의 석양과 석호. 석양과 석호는 능을 수호하기 위해 봉분 주변에 세우는 동물 석상으로, 석양은 죽은 이의 명복을 기원하며 석호는 능을 호위하는 수호신의 의미를 갖는다.

정조 건릉의 장명등. 봉분의 혼유석 바로 앞에 세우는 장명등은 사찰 석등과 유사한 형태로 불교의 영향을 받은 것으로 보인다.

과 광해군의 경우 폐위되어 무덤이 묘로 조성되었기 때문이다. 반면 덕종(성종의 부친)·원종(인조의 부친)·진종(정조의 양부)·장조(정조의 친부)·문조(헌종 부친) 등은 추존되어 그 무덤이 각각 경릉·장릉·영릉·융릉·수릉으로 조성되었다.

조선왕릉은 단종 장릉과 단종왕비 정순왕후 사릉처럼 단릉單陵이 개별 능역을 이루기도 하고, 태종·태종왕비 원경황후 헌릉이나 세종·세종왕비 소헌왕후 영릉처럼 왕과 왕비가 한 능역을 이루기도 하지만, 여러 왕릉이 한 지역에 모여 왕릉군王陵群을 형성하기도 한다.

가령 경기도 구리시에 자리한 동구릉東九陵은 '도성의 동쪽에 있는 아홉 기의 왕릉'이라 하여 붙여진 왕릉군이고, 경기도 고양시 서오릉西五陵은 '도성의 서쪽에 있는 다섯 기의 왕릉'이며, 경기도 남양주시 홍유릉은 '고종황제 홍릉과 순종황제 유릉'이 있는 왕릉군이다.

동구릉은 조선왕조를 세운 태조 이성계의 무덤인 건원릉을 비롯한 왕릉 9기가 모여 있는 최대 규모의 왕릉군이다. 그러나 처음부터 동구릉이었던 것은 아니다. 동구릉이 된 것은 건원릉 조성 이후 아홉 번째로 추존 문조(헌종 부친) 수릉이 조성된 철종 6년(1855)의 일이며, 이전에는 동오릉東五陵, 동칠릉東七陵으로 불렸다.

태조 이성계의 무덤인 건원릉이 자리한 곳은 동구릉에서도 가장 깊숙한 곳이다. 1408년 태조가 승하하자 태종이 파주, 고양, 구리 등지에 사람을 보내어 좋은 묏자리를 물색하여 신중하게 능지로 정한 곳이니 만큼, 풍수적인 길지가 아닐 수 없다. 능침을 둘러싼 송림과 능침 앞으로 시야가 탁 트인 경관이 아름답다. 앞에 펼쳐진 능선들은 신하가 읍조리는 형상이라고도 한다. 건원릉은 다른 왕릉과는 달리 봉분에 잔디가 아닌 억새를 심었다. 고향 함흥을 그리워하는 아버지 태조를 위하여 아들 태종이 함흥의 흙과 억새를 가져다가 심었다는 일화도 전해온다.

동구릉은 조선 건국 초기부터 말기에 이르기까지 조선왕조 500년의 부침과 능제의 변화를 한눈에 볼 수 있는 문화유산이다. 더욱이 능 전역에 우거져 있는 숲과 능역을 가로지는 개울물 등 자연경관이 아주 빼어나다.

서오릉에는 왕릉 5기 말고도 원 2기, 묘 1기가 모여 있어서 동구릉 다음으로 큰 왕릉군이다. 가장 먼저 조성된 것은 추존 덕종 경릉이다. 덕종은 세조의 원자(의경세자)로 태어났으나 세조 3년(1457) 20세에 요절하였다. 이후 아들 성종이 즉위하면서 덕종으로 추존되었다.

서오릉에서 흥미로운 것은 숙종과 숙종 왕비들의 능이다. 현재 서오릉에는

모든 왕릉에는 재실이 설치되어 있었으나, 현재 온전한 형태로 전해지는 재실은 많지 않다. 그중 가장 잘 보존된 것으로 알려진 효종 영릉의 재실.

황제의 능으로 조성된 고종황제의 홍릉. 기존 왕릉의 정자각을 일자형의 침전으로 바꾸고, 봉분 주변의 석물을 없애는 대신 참도 좌우에는 문·무석인을 비롯하여 기린·코끼리·사자·해태·낙타·말 등의 석물을 사열하듯 세웠다.

숙종과 숙종이 사랑했던 왕비 네 명(왕비 인경왕후, 제1계비 인현왕후, 제2계비 인원왕후, 장희빈)이 모두 모여 있다. 우선 숙종과 인현왕후가 나란히 묻혔고, 숙종과 인현왕후의 무덤 좌측 언덕 높은 곳에 인원왕후가 홀로 묻힌 명릉이 있고, 숙종왕비 인경왕후가 묻힌 익릉, 숙종의 후궁이자 경종의 어머니인 희빈 장씨의 무덤인 대빈묘가 그것이다. 숙종에게 한때 최고의 사랑을 받았으나 결국 숙종에게 사약을 받고 죽은 장희빈의 무덤은 경기도 광주에 거의 폐허로 자리하고 있다가 1970년 이곳으로 옮겨졌다.

동구릉이나 서오릉처럼 왕실의 무덤이 집중적으로 조성된 것은 이 지역이 명당이기도 했지만, 선왕 가까이에 묻히고 싶어 했던 후대 왕들의 생각이 반영된 것이 아닌가 짐작된다.

그리고 상대적으로 서울과 구리, 고양, 파주 등 경기 북부 지역보다 한강 이남에 조성된 왕릉이 적은 것은 뱃길을 이용하는 데 따른 부담이 컸기 때문이다. 왕이 선왕의 능을 참배하려면 거리가 가까워야 했기 때문이다.

홍유릉은 조선왕릉 가운데 가장 마지막으로 조성된 왕릉이다. 다른 조선왕릉들과 달리 대한제국 황제릉의 격으로 조성되었다. 고종은 조선 말 개항기인 1897년 대한제국을 선포하고 황제가 되었다.

건원릉에서 거행된 산릉제례를 모두 마치고 참반원이 퇴장하고 있다. 산릉제례로 인하여 조선왕릉은 단순한 건축적 기념물이 아니라 지금도 살아 있는 전통 문화유산이 되고 있으며, 세계의 여느 왕릉과도 뚜렷하게 차별된다.

한 왕조를 이끈 왕과 왕비의 무덤이 고스란히 보존, 한꺼번에 관리되는 경우는 동서고금을 통틀어 조선왕릉이 유일한 사례이다. 조선왕조 500여 년의 역사와 문화, 가치관을 담고 있는 조선왕릉은 우리만이 가질 수 있는 매우 독특한 문화유산이다. 더구나 조성 당시부터 계획적으로 조성되고 엄격하게 관리된 왕릉과 왕릉 주변의 산림은 도시화된 서울과 서울 주변 지역의 소중한 녹지 공간으로도 사랑받고 있다. ●

부용대에서 내려다본 하회마을 전경. 낙동강의 물줄기가 마을 앞에 이르러 태극을 그리며 휘감아 나가는데,
이렇게 물이 돌아나간다 해서 '물돌이마을', 한자로 '하회'라는 이름이 붙었다.

한국의 역사 마을 하회와 양동

Historic Villages of Korea, Hahoe and Yangdong

아름다운 자연,
유교적 질서가 깃든 전통 마을

1992년 영국 찰스 황태자가 우리나라를 방문했을 때 가장 한국적인 곳이라며 양동마을을 방문했다. 1999년에는 엘리자베스 2세 영국 여왕이 하회마을을 방문하여 '가장 한국적인 모습을 간직한 곳'이라며 찬사를 아끼지 않았다.

가장 '한국적'이라는 것이 무엇일까? 다소 추상적인 질문에 대해 선뜻 답하기는 쉽지 않다. 하지만 질문을 '것'이 아니라 '곳'으로 바꾼다면, 영국 찰스 황태자나 엘리자베스 2세 여왕이 그랬던 것처럼 '전통 마을'이라는 답을 낼 수 있을지도 모른다.

'한국적인 것', 그 원형을 찾아가다

근대 이후 도시화와 산업화 속에 우리는 숱하게 많은 전통 마을의 해체 과정을 경험했다. 그럼에도 불구하고 수백 년 넘게 아름다운 자연경관과 고유한 문화 경관을 간직하고 있는 마을들이 있다. 문화재청에서는 이러한 마을에 '전통 마을'이라는 이름을 붙이고, 전통 마을의 문화유산적 가치를 홍보, 보존해 나가고 있다. 안동 하회마을, 고성 왕곡마을, 제주 성읍민속마을, 아산 외암마을, 순천 낙안읍성마을, 경주 양동마을이 대표적이다. 이 가운데 하회와 양동 두 마을이 '한국의 역사 마을 하회와 양동'이라는 이름으로 2010년 유네스코 세계유산에 등재되었다. 두 마을은 15세기를 전후한 조선시대에 조성된 대표적인 한국의 전통 마을로서 조선시대 유교의 전통 사상을 잘 반영한 자연경관 속에 전통 건축양식을 보존하고, 유교적 생활 방식과 문화의 소산을 현재까지 잘 계승해 오고 있다.

한국의 전통 마을은 마을 주민의 성씨에 따라 크게 씨족마을과 각성마을로 구분해볼 수 있다. 씨족마을은 동성同姓마을로서, 한두 성씨가 한 마을 주민의 다수를 차지할 뿐만 아니라 마을 운영도 주도하며 대대로 살아가는 마을이고, 각성마을은 여러 성씨가 모여 사는 마을이다. 유교 이념을 기반으로 한 조선시대에 대다수 양반 계층은 풍수와 경관이 좋은 곳을 골라 자신들의 씨족마을(집성촌)을 형성, 향촌사회에 유교 문화가 뿌리내리는 데 큰 영향을 끼쳐왔다. 현재 남아 있는 양반 씨족마을 가운데 가장 대표적인 것이 하회마을과 양동마을이다.

양반은 본래 과거시험을 통해 선발된 관리를 지칭하는 것이지만, 점차 세습적인 신분의 성격을 가지게 되었다. 양반은 관리가 되어 벼슬을 하기도 하지만, 향촌사회에 기반을 둔 신분과 경제력을 바탕으로 유교 이념과 윤리에 따라 학문을 하고 후학을 양성하며 향촌을 교화시켜 나갔다. 특히 문중에서 높은 관직에 오르거나 학문이 높은 유명 인물이 배출되면, 향촌사회에서 양반의 지위는 더욱 높아지고 견고해져 대종택, 파종택, 사당, 재실, 정려각, 정자, 정사精舍(학문을 가르치기 위해 지은 집), 서당, 서원 등을 세워 향촌사회에서 영향력을 더 크게 발휘할 수 있었다.

어릴 적 골목과 돌담과 마당이 그리울 때, 하회마을

하회마을은 양동마을과 함께 양반 씨족마을을 대표하며, 많은 인물을 배출하여 명문 반열에 오른 마을일 뿐만 아니라 씨족마을이 갖출 유교적 문화 경관, 곧 종택과 사당, 정사와 정자, 서원과 서당 등을 잘 갖추고, 마을을 둘러싼 산, 강, 들과 같은 자연환경까지 모두 잘 보존하고 있다.

하회마을의 기원을 정확히 말할 수는 없지만, 풍산 류씨가 자리하기 시작한 것은 조선 초기 류종혜가 마을에 터를 잡으면서부터이다. 이후 후손인 입암立巖 류중영柳仲郢(1515~1573)과 그의 두 아들 겸암謙庵 류운룡柳雲龍(1539~1601), 서애西厓 류성룡柳成龍(1542~1607) 등 명망 높은 인물이 배출되면서 하회마을은 유교적 문화 경관을 갖춘 씨족마을로 굳건히 자리를 잡았다.

류운룡은 좌부승지, 황해도관찰사, 승지 등을 역임하고, 경연관으로서 왕

하회마을의 집들과 길. 주요 가옥들은 대체로 마을의 중앙에 집중되어 있으나 각 집들의 좌향은 마을을 둥그렇게 둘러싼 강을 향해 배치되어 있기 때문에 일정하지 않다.

의 총애를 받았으며, 류성룡은 퇴계 이황의 수제자 중 한 명으로 벼슬보다는 향촌에 은거하여 학문 연구에 힘썼다. 류성룡은 임진왜란 때 영의정 겸 도체찰사(군사를 총괄 지휘하는 직위)이었으며, 그가 쓴 《징비록懲毖錄》은 이순신의 《난중일기亂中日記》와 함께 임진왜란의 전황을 소상히 알 수 있게 한 귀중한 역사서이다.

이 인물들이 배출되면서 이들과 연관되는 건물들이 마을에 많이 지어졌다. 류중영은 대종택인 양진당을 지었으며, 류운룡, 류성룡은 원지정사, 빈연정사, 겸암정사, 옥연정사 등을 지었다. 류성룡의 종택인 충효당은 그의 장남과 증손이 살던 집을 확장하여 다시 지은 집이다. 양진당과 충효당은 각각 류씨의 대종택과 서애종택이 되어 하회마을을 이끄는 두 개의 큰 축이 되었다. 이들 이외에도 화경당(북촌댁), 염행당(남촌댁), 작천고택, 주일재, 하동고택 등 많은 가옥과 정사, 서원이 문화재로 지정되어 있다.

하회마을에는 전적, 고문서, 유물 또한 매우 많다. 그 가운데에는 《징비록》, 〈류성룡종손가문적〉, 〈류성룡종손가유물〉, 하회탈 등과 같이 문화재로 지

(┌) 하회 류씨의 대종택이며 겸암 류운룡의 종가인 양진당. 흔치 않은 조선 전기의 주택이며, 하회에서는 보기 드물게 정남향을 하고 있다.

(^) 하회를 대표하는 대저택인 화경당의 안체. 양진당이나 충효당보다는 늦게 지어졌으나 크기와 높이로 세를 과시하는 듯한 인상이다.

정된 것이 있고, 하회별신굿탈놀이와 같이 문화유산적 가치가 높은 것도 있다. 하회별신굿탈놀이는 우리나라에서 가장 오래된 서민들의 가면극이다. 하회별신굿탈놀이가 서민 놀이라면, 선유줄불놀이는 하회마을의 류씨 성원만이 참여할 수 있는 선비 놀이다. 음력 7월 보름의 달밤에 마을 앞 부용대芙蓉臺 절벽 아래 낙동강에 배를 띄워 놓고, 강과 부용대에 사이에 설치한 줄에 숯봉지를 매달아 불을 붙이고, 배 위에서 시를 짓고 음주를 즐기는 선유줄불놀이는 양반이라는 신분, 줄불놀이를 뒷받침할 경제적 여건과 자연환경이 갖추어지지 않으면 불가능한 뱃놀이이다.

하회마을은 뚜렷한 조선시대의 유교적 문화 경관과 함께 주변의 자연과 어울린 아름다운 경관으로 유명하다. 낙동강 물줄기가 화산(해발 271m)을 만나 물항아리 모양으로 크게 돌아나가는 낮은 구릉지에 마을이 들어섰는데, 낙동강이 마을을 둘러싸고 있는 형국이라 마을 이름도 '강이 마을을 감싸고 돈다'는 뜻의 하회河回이다. 마을이 물위에 뜬 연꽃 같다 또는 산과 물이 태극을 이루는 모양이라고도 설명한다.

하회마을의 경관을 한눈에 볼 수 있는 곳이 부용대다. 강과 어우러진 절벽으로 경치가 좋은 부용대 주변에 정사와 서원들이 자리 잡았다. 앞으로 시야가 확 트이는 부용대에 오르면 왜 '하회마을(물돌이마을)'이라 부르는지 바로 알 수 있다. 마을은 남쪽, 서쪽, 북쪽 세 방향으로 강에 접해 있고, 물과 접하지 않은 마을과 화산 사이에 마을 주민들의 생업 기반이 되는 경작지가 있다.

외부에서 하회마을로 들어올 때에는 마을 입구의 큰 고개를 넘어 들어온

병산서원은 서애 류성룡과 그의 셋째아들인 수암(修巖) 류진(柳袗)의 학덕을 기리고 추모하는 향사를 봄과 가을 두 번 치르는데, 전날 저녁 향사에 참가할 모든 사람들이 입교당에 모여 각기 필요한 소임을 맡기는 분정례를 행하고 있다.

다. 마을 안에 들어서면 마을의 가로지르는 큰길이 있고, 마을 한가운데에는 입향조인 류종혜가 심었다는 느티나무(수령 600년이 넘는다)가 있다. 큰길에서 사방으로 골목들이 퍼져 나가고 이 골목들을 통해 강가나 경작지가 있는 들판으로 갈 수 있다. 마을에는 총 127개 가옥이 있으며, 현재 150여 호가 살고 있다. 흔히 다른 전통 마을의 집들이 정남향 또는 동남향하고 있는 것과는 달리 좌향이 일정하지 않다. 하회마을 집들이 마을을 둥그렇게 둘러싼 강을 향해 배치되어 있기 때문이다. 큰길을 중심으로 남쪽은 남촌, 북쪽은 북촌으로 불리며, 남촌은 충효당과 염행당, 북촌은 양진당과 화경당이 중심이 된다. 이들 큰 기와집을 중심으로 둘레에 서민이나 하인들이 살았던 기와집과 초가들이 있다. 얼핏 집들이 무질서하게 세워진 것 같지만, 실제로는 주변의 자연환경과 유기적인 조화를 이루며 아름다운 경관을 형성한다.

하회와 더불어 우리나라를 대표하는 양반 씨족마을인 양동마을 전경. 마을 뒤 설창산 줄기에서 갈라져 나온 산등성이에 지은 집들로 이루어진 산촌 마을의 경관을 갖고 있다.

그런가 하면 하회마을은 마을의 중요한 사안을 결정할 때에는 문중 조직이 중요한 의사 결정권을 갖고, 씨족마을로서 유대 결속을 다지기 위해 족보를 발간하고, 각종 제례와 동제 등을 지낸다. 오늘날까지도 유교적 윤리관과 질서에 기반한 삶을 지속해오고 있는 것이다.

양동마을, 따뜻한 위로와 힘이 되다

우리 선조들은 전통적으로 마을이 들어설 터는 물론, 주변에 경작할 땅과 산수를 살펴서 모든 요건이 충족되는 곳을 사람이 살 수 있는 이상적인 마을터로 삼았다. 하회마을이 강촌 마을의 경관이라면, 양동마을은 마을 뒤 설창산(161m) 줄기에서 갈라져 나온 산등성이에 지은 집들로 이루어진 산촌 마을의 경관을 갖고 있다. 두 마을 모두 바깥세상에는 크게 드러나 있지 않지만, 아름다운 자연과 함께한다.

양동마을은 혼인을 통해 처가가 있는 마을에 들어온 월성 손씨와 여강 이씨 두 집안이 번성시킨 마을이다. 조선 초기 양민공襄敏公 손소孫昭(1433~1484)가 결혼하여 처가인 양동마을로 이주하였고, 이후 찬성공贊成公 이번李蕃(1463~1500)이 손소의 장녀와 결혼하여 이곳으로 옮겨와 살면서 오늘날과 같은 양동마을이 형성되었다. 이번의 맏아들이 조선시대 유학자 회재晦齋 이언적李彦迪(1491~1553)이다. 손소는 아들 다섯을 두었는데, 양동마을의 손씨는 그의 둘째아들 우재愚齋 손중돈孫仲暾(1463~1529)에서 대가 이어온다. 손중돈은 공조, 이조판서와 좌·우참찬을 역임하였으며, 이언적은 주희가 집대성한 성리학의 진수를 조선시대에 처음으로 이해한 학자로 크게 평가를 받는다. 성리학의 연원을 밝히고 이론적으로 체계화한 바를 저술하여 남겼으며, 그의 학통은 퇴계 이황으로 이어졌다.

양동마을이 양반 씨족마을로서 기반을 다진 것은 손소, 손중돈, 이언적과 같은 인물이 배출된 15세기 말에서 16세기 초에 이르는 시기다. 양동마을은 월성 손씨, 여강 이씨의 경우처럼 외손이 정착한 마을이라고 해서 '외손마을'이라고도 한다. 초창기에는 사위가 처가 마을에서 정착한 외손마을이었지만, 17세기 후반으로 가면 사위나 외손이 처가, 외가에서 상속받는 일이 사라지고, 제사를 모시는 데도 외손이 제외되면서, 씨족마을은 부계 중심의 친족이 사는 마을로 정착해나갔다.

경주시 북쪽 설창산에 둘러싸여 있는 양동마을은 풍수지리적으로 보면 설창산에서 뻗어내린 네 줄기의 능선이 '물勿' 자 모양의 지세를 이루고, 골짜기

향단은 여강 이씨 향단파의 종택으로 양동마을에서는 임진왜란 이전에 지어진 몇 안 되는 주거건축 중 하나이다. 외부에서 보면 매우 과시적이고 화려하지만 내부는 답답할 만큼 폐쇄적인 구조로 되어 있다.

양동마을로 들어설 때 가장 눈에 띄는 곳에 있으며, 또 형산강과 안강평야 전체가 한눈에 내려다보이는 전망 좋은 곳에 자리한 관가정. 관가정 아래의 초가집들은 관가정에 속한 하인들의 살림집이다.

사이사이에 집들이 자리 잡았다. 사람이 살지 않는 집을 포함하여 모두 150여 호의 고가옥과 초가집이 있는데, 종택을 비롯하여 지체가 높았던 양반 가옥은 햇볕이 잘 들고 조망이 좋은 언덕 위 높은 지대에 위치하고, 낮은 지대에는 하인들이나 일반 서민들의 집들이 자리한다. 아랫마을이 마을의 입구가 된다. 마을 앞으로는 경주 일대에서 가장 넓은 안강평야가 넓게 펼쳐져 있다. 농업을 생업으로 하는 양동마을 주민들의 삶의 터전이다. 산줄기들이 겹겹이 집들을 감싸고 있기 때문에 마을의 전체 모습은 잘 드러나지 않는다. 직접 마을 안쪽까지 가까이 들어가야만 마을의 규모와 형상을 알 수 있다.

양동마을 역시 고건축물의 보고다. 임진왜란 이전에 지어진 기와집이 4채나 남아 있다. 향단(이언적이 경상감사로 부임할 때 중종이 그의 모친 병환을 돌볼 수 있도록 지어준 집), 무첨당(여강 이씨 종택), 서백당(월성 손씨 종택), 관가정(손중돈의 옛집) 등이다. 그 밖에 독락당, 수졸당, 낙선당, 사호당, 강학당 상춘헌고택, 근암고택, 두곡고택, 이향정, 수운정, 심수정, 안락정, 영귀정, 양졸정, 육위정, 내곡정, 동호정, 창은정, 옥산서원, 대성헌, 손종로정충비각, 동강서원, 경산서당, 두곡영당 등의 가옥, 정자, 서원 등 많은 건축물들이 문화재로 지정되어 있다.

마을로 들어올 때 가장 눈에 띄는 곳이 관가정과 향단이다. 아랫마을 서쪽 건너편 언덕에 위치한 관가정과 향단에서는 안강평야 전체가 한눈에 들어온다. 이렇게 위치가 좋은 곳에 월성 손씨 문중의 관가정과 여강 이씨 문중의 향단이

㉮ 양동마을 뒷길 넘어 갈곡 언덕의 양지바른 곳에 위치한 정순이 가옥. 양동마을에서 흔히 볼 수 있는 전형적인 초가삼간 집이다.

㉯ 월성 손씨의 대종택인 서백당의 불천위 제사. 종택의 제례는 절차, 음식, 복장 등에서 전통적인 예법을 엄격하게 지키고 있다.

작은 골짜기 하나를 사이에 두고 나란히 서 있다. 두 문중은 오랫동안 선의의 경쟁을 하며 마을의 발전을 이끌어온 두 개의 큰 축이다. 이렇게 하나의 마을에 손씨와 이씨, 두 성씨가 500년이 넘는 역사를 이으며 같이 살아온 것은 매우 드문 일이다.

마을의 오랜 역사를 상징하듯 마을에는 오래된 고목도 많다. 관가정 아래에는 수령 500년이 넘는 은행나무가 있다. 마을 입구를 상징하는 고목이다. 서백당의 향나무도 수령이 500년이 넘는다. 이곳엔 조선시대부터 이어져온 전적이나 고문서도 많다. 이들 중에는 금속활자본인《통감속편》, 〈손소 영정〉 등이 대표적이다. 전통 방식의 관혼상제 관련 의례는 물론 양동 줄다리기와 같이 마을공동체의 안녕을 추구하는 민속놀이가 전승되고 있다.

한국의 역사 마을 하회와 양동을 찾으면 자연, 지형, 경관, 건축, 공간, 문화, 사람이 서로 유기적인 관계를 이루며 탁월한 하나의 마을을 형성하는 '한국적'인 경관과 정서를 느낄 수 있다. 마을공동체 문화가 사라진 21세기, 이 시대의 마을과 도시를 마을답게, 도시답게 만드는 방식에 대해 새롭게 눈뜨게 하는 문화유산이다. 건축물만을 감상의 대상으로 삼지 말고 집과 집이 마을을 이루며 어떤 삶을 가능케 했는가, 주변의 자연환경과 어떻게 관계를 맺는가를 살펴본다면 가장 '한국적'인 것이란 질문에 대한 답을 명쾌히 구할 수 있을 것이다. ●

종묘제례 및 종묘제례악

판소리

강릉단오제

강강술래

남사당놀이

영산재

제주칠머리당영등굿

처용무

가곡

대목장

매사냥

United Nations
Educational, Scientific and
Cultural Organization

Intangible
Cultural
Heritage

인류 무형 유산

Intangible Cultural Heritage of Humanity

종묘제례 및 종묘제례악

Jongmyo Jerye and Jongmyo Jeryeak

왕실 제례, 최고의 품격을 갖추다

유교에서는 초월적인 신을 인정하지 않는다. 숭배의 대상이 되는 것은 조상신이다. 특히 한 왕조가 유교를 통치이념으로 삼고 있다면, 역대 왕과 왕비의 신주를 모시는 종묘는 더할 나위 없는 성소聖所요, 종묘에서 봉행하는 제례는 국가의 중대사가 된다.

조선왕조는 500여 년의 역사를 이어오면서 한 해 다섯 차례(봄·여름·가을·겨울과 동지 후 납일) 정기적으로 종묘제례를 올렸다. 일제강점기에는 겨우 향화만 올렸고, 해방 후에는 이마저도 끊겼으나, 1969년부터 전주이씨대동종약원이 주관하여 매년 5월 첫째 일요일에 한 차례 종묘제례를 봉행하고 있다. 왕조는 없어졌지만, 종묘제례의 전통은 600년이 넘게 이어지고 있다.

종묘제례가 진행되는 동안 악공들은 절차에 따라 종묘제례악인 보태평과 정대업을 연주하고, 무원들은 연주에 맞추어 일무라는 춤을 춘다. 일무의 동작은 매우 단순하나 장엄하고 절제의 미가 돋보이는 춤이다.

왕이 친히 받드는 제사였던 만큼 종묘제례의 준비에는 최고의 정성이 깃들었고, 절차는 최고의 격식에 따라 엄격히 지켜졌다. 제례에 참여하는 모든 사람들은 제례를 거행하기 위하여 몸과 마음을 정갈히 가다듬어 제례 준비에 만전을 기하고, 제례에 참여하는 사람들은 지위와 맡은 역할에 따라 정해진 색깔과 무늬, 장신구 등이 다른 제례복을 입었다. 왕이 참여할 경우 제례에 참여하는 사람들의 직책은 모두 27종이었다고 한다. 제례에 사용되는 그릇 또한 계절과 쓰임에 따라 그 모양이나 무늬가 다르며, 모양과 무늬가 의미하는 바도 다르다. 그릇 종류만 해도 63종이고, 여기에 담기는 제사 음식은 밥과 떡, 국, 곡, 과일, 포, 젓갈, 술 등이다. 종묘제례는 크게 신을 맞이하는 절차로 시작하여, 신이 즐기도록 음식과 술을 올려 즐겁게 대접하는 절차, 신을 보내드리는 절차의 순서로 진행된다.

종묘제례에는 악기와 노래와 춤이 함께 어우러진다. 조상의 문덕과 무업을 되새겨 칭송하고 왕실의 번영을 기원하기 위함이다. 유교에서는 음악이 성인의 성정性情을 기르며 신과 사람, 하늘과 땅, 음양을 조화시킨다고 믿었다. 종묘제례에 쓰이는 악가무樂歌舞를 통틀어 종묘제례악이라 한다. 종묘제례악은 한글을 창제한 세종이 만들었으며, 종묘제례에서 빼놓을 수 없는 제사 음악이다.

종묘제례에는 격조 있는 음악과 춤이 동반되며, 제례의 장중함과 경건함이 한껏 드러난다. 유교 절차에 따라 최고의 품격을 갖추어 거행되는 왕실 의례이자 국가 최고의 제례로서 600년 가까이 이어지고 있다. 종묘라는 최고의 건축 공간, 종묘제례의 엄격한 의식, 종묘제례악에 깃든 예술성. 이 세 가지가 한데 어우러지는 장엄한 아름다움을 세계 어느 곳에서 또 볼 수 있을까. 종묘제례는 남아 있는 세계 유일의 유교식 제의이며, 이와 함께하는 종묘제례악은 왕실의 제례 음악으로서 550년을 그대로 이어온 종합 예술의 정수이다.

300여 명의 제관들이 신을 맞이하기 위해 미리 정해진 자리에 도열해 있다. 세계 유일의 동양 유교 문화 제의인 종묘제례는 현재 왕조는 없어졌지만 왕가의 직계 후손과 친척들로 이루어진 전주이씨대동종약원이 주관하여 지금도 계속 이어지고 있다.

판소리

The Pansori Epic Chant

뜨겁고 애절하다, 한국 음악의 뿌리

예부터 노래와 춤을 좋아하기로 이름난 우리 민족은 즐거우나 슬프나 노래로 표현했다. 판소리는 그 애절하고 뜨거운 소리로 오랫동안 우리의 가슴을 울린 고유한 전통음악의 한 장르이다. 소리꾼이 고수의 북 장단에 맞춰 노래(창)와 말(아니리)과 몸짓(발림 또는 너름새)을 섞어가며 긴 이야기(사설)를 엮어가는 형식의 판소리는, 노래로 보면 음악이고, 늘어 놓는 말로 보면 문학이며, 표현되는 극적 요소를 놓고 보면 연극에 해당하는 종합 예술이기도 하다.

하여 종종 서양의 오페라와 비교되곤 하는데, 〈아이다〉, 〈카르멘〉, 〈라보엠〉 같은 오페라가 교향악단과 무용단과 합창단 등을 거느리고, 화려한 의상과 조명으로 무대를 꽉 채우는 데 비해, 판소리는 그저 부채 하나 달랑 든 소리꾼이 북 하나 멘 고수와 함께 등장한다. 그럼에도 불구하고 무대를 꽉 채우며 폭포수같이 거세다가도 꽃바람처럼 살풋하게 감겨드는 판소리 가락으로 관객을 완전히 사로잡는다.

기산 김준근의 《조선풍속도》(매산 김양선 수집본, 숭실대학교 한국기독교박물관 소장)의 〈가객창장〉. 도포에 갓을 쓰고 부채를 든 소리꾼이 선 채로 판소리를 하고 있고 앞에는 같은 옷차림을 한 고수가 북장단을 쳐 주며 응대하고 있다.

판소리를 누가, 언제, 어떻게 부르기 시작했는지 자세히 알 수는 없다. 아주 오래전부터 전해오는 긴 이야기가 노래로 불러야 할 필요성에 따라 창으로 발전하면서 오늘날에 이른 전승 예술이기 때문이다. 다만, 17세기 중엽인 조선 영조 때 사람인 유진한이 쓴 문집《만화집晩華集》에 호남을 유람하다가 〈춘향가〉 타령을 듣고 가사를 한시로 옮겨 놓은 내용이 있는 것으로 미루어 그 역사를 300년 정도로 추정하기도 한다.

판소리에서는 작품 하나를 '한 마당'이라고 한다. 조선 정조와 순조 때에는 종류가 매우 많았는데, 그중에서 12가지를 골라 '판소리 열두 마당'이라 하였다.

그러나 오늘날까지 전해지는 것은 〈심청가〉, 〈춘향가〉, 〈흥부가〉, 〈수궁가〉, 〈적벽가〉 '다섯 마당'뿐이다.

판소리에서는 노래 부르는 사람을 '소리꾼' 또는 '광대'라고 하고, 북치는 사람을 '고수'라 한다. 광대는 혼자서 심청, 아버지, 뺑덕어멈, 스님, 상인, 임금 등 모든 등장인물의 역할을 맡는다. 판소리 한 마당을 다 부르려면 길게는 여덟 시간에서 짧아야 두세 시간씩 걸린다. 처음부터 끝까지 다 부르는 완창을 하기란 예삿일이 아니다. 판소리는 악보 없이 구두로 전승되어 왔으며, 흔히 한 부분만 떼어 부르기도 하고, 주관이나 상황에 따라 소리꾼에 의해 독자적으로 개작(더늠)되기도 한다.

판소리는 흔히 서양의 오페라와 비교된다. 그러나 오페라가 교향악단과 무용단과 합창단 등을 거느리고, 화려한 의상과 조명으로 무대를 꽉 채우는 데 반해, 판소리는 그저 부채 하나 달랑 든 소리꾼과 북 하나로 장단을 맞추고 추임새를 넣는 고수로만 진행된다.

그러나 판소리가 소리꾼 혼자만의 힘 또는 북으로 장단을 치며 협연하는 고수와 함께일 때에만 이루어지는 것은 아니다. 소리꾼과 고수 말고도 판소리를 완성하는 또 하나의 요소는 관객이다. 관객이 판소리에 몰입하여 자연적으로 흥이 일어나 '얼씨구', '좋다' 등의 추임새를 터트릴 때, 판소리는 비로소 완성된다.

강릉단오제

Gangneung Danoje Festival

제의와 놀이가 어우러지는 전통 축제

단오는 음력으로 5월 5일이다. 우리 조상들은 홀수가 두 번 겹치는 날을 길한 날로 여겼다. 그래서 음력 1월 1일(설), 음력 3월 3일(삼짇날), 음력 7월 7일(칠석), 음력 9월 9일(중구절)처럼 홀수가 겹친 날을 명절로 삼아, 계절에 어울리는 음식을 만들고 여러 가지 놀이를 즐겼다.

특히 단오는 양의 기운이 가장 강한 날이라 하여 설, 추석과 함께 큰 명절로 여겼으며, 수리취떡을 만들어 먹고, 부채를 주고받았으며, 그네 타기, 씨름 등 여러 가지 민속놀이를 즐겼는데, 부채를 주고받는 것은 곧 다가올 여름을 대비하라는 뜻이다.

한편, 단오는 농사와 깊은 관련이 있다. 밭에 곡식을 심고, 논에 모내기를 끝내고 숨 가빴던 봄 농사를 어느 정도 마친 시기가 음력 5월 5일. 어느 정도 한 해 농사 준비를 해놓고 나서, 그 농사가 풍년이 되기를 바라면서 제사를 지내고 또 한숨 돌리며 놀이도 즐겼던 것이다. 이를 단오제라 한다.

단오제는 축祝(놀이)과 제祭(제의)가 어우러지는 전통 행사로 전국 어디에서나 행해졌는데, 오늘날에는 점차 사라져가는 전통이 되고 있다. 그런 가운데 강원도 강릉 지역의 단오제는 역사가 깊으며, 활기차게 그 명맥을 잇고 있다.

강릉단오제의 제의는 대관령신 곧, 대관령산신인 김유신, 대관령국사성황신인 범일국사, 대관령국사성황신의 부인인 대관령국사여성황신 세 신에게 올리는 제사이다. 김유신은 어린 시절 강릉에서 명검을 만들어 그 검으로 삼국을 통일하고, 죽은 뒤 대관령산신이 되었다고 한다. 대관령국사성황신은 통일신라 말 강릉 지역에 불법을 전파하고 굴산사와 신복사를 창건한 범일이라는 큰 스님으로, 사후 대관령의 성황신이 된 분이고, 대관령국사여성황신은 강릉에 사는

단오제의 시작을 알리는 대관령 산신맞이 중 신목 모시기. 대관령 산신제 대관령 국사성황제를 진낸 뒤 국사성황신이 깃든 신목을 모시고 내려와 단오제가 끝날 때까지 홍제동에 있는 국사여성황사에 모신다.

정씨 집안의 딸로, 대관령국사성황신과 결혼하여 그의 아내가 되었다고 한다. 대관령국사성황신과 정씨 처녀가 결혼한 날이 음력 4월 15일이다.

현재 단오제는 음력 4월 5일에 신에게 드릴 술을 담그는 '신주빚기' 행사로 시작하여, 음력 4월 15일부터 산신을 맞이하는 제의 행사를 치른 뒤, 음력 5월 3일부터 7일까지 닷새 동안 단오 축제를 벌이고, 음력 5월 7일 산신을 대관령으로 보내는 제사(소제)로 끝맺는다.

단오 축제가 본격적으로 시작되는 음력 5월 1일부터 5월 5일까지 축제 장소인 남대천에서는 스무 거리가 넘는 무당굿이 펼쳐지고, 농악놀이, 관노가면극을 비롯한 각종 공연과 그네타기, 씨름, 줄다리기 같은 민속놀이들이 한바탕 펼쳐진다. 스무 거리가 넘는 강릉단오제 단오굿은 우리나라 여러 굿 중 그 규모가 장대하고 화려하기로 유명하다. 말없이 춤과 동작으로만 보여주는 관노가면극도 강릉단오제에서 빼놓을 수 없는 공연이다. 축제 기간 동안에는 시장이 서고 여기저기 놀이판이 벌어져서 왁자한 축제 분위기가 넘친다. 그야말로 난장이다.

춤과 동작만을 위주로 한 우리나라 유일의 무언(無言) 탈놀이인 관노가면극. 강릉단오제는 제의와 놀이가 어우러지는 우리 전통축제로 단오제 기간 내내 다양한 민속놀이가 펼쳐진다.

강강술래

Ganggangsullae

휘둥그런 달빛 아래서, 춤추듯 애환을 풀다

일 년이면 어김없이 열두 번의 보름달이 뜬다. 그중에서도 가장 큰 보름달은 정월 대보름과 팔월 한가위에 뜨는 달이다. 이런 달밤에 그냥 있을 수는 없다. "쾡그랑 쾡 괭 꽤 괭 괭 괭 두두 디다 두두 디웅……. 이날만큼은 남녀노소가 따로 없고 반상이 따로 없이, 모두 한 동아리로 즐기는 날이라. 정월 초하루부터 시작된 명절의 즐거움은 집집마다 풍물을 돌며…… (《혼불》(최명희 지음) 중에서)" 이날 남자들은 어김없이 풍물굿을 치면서 신명을 돋웠고, 여성들은 손에 손을 맞잡고 강강술래를 뛰었다. 휘둥그렇고 환한 보름달 아래 여성들은 그렇게 해방감을 맛보기도 하고 한 해 농사의 풍년을 기원하거나 수확의 즐거움을 자축하였다. 강강술래는 노래와 춤이 하나로 어우러지는 우리나라의 대표적인 여성 집단 놀이다.

"강강술래 / 강강술래 / 달 떠 온다. 달 떠 온다 / 강강술래 / 동해동창 달 떠 온다 / 강강술래 / 저 달이 뉘 달인가 / 강강술래 / 강호방네 달이라네 / 강강술래 / 강호방은 어디가고 / 강강술래 / 저 달 뜬 줄 모르는가 / 강강술래."

흥겹고 반복적인 가락에 맞추어 목청 좋고 소리 잘 하는 사람이 맨 앞에 설소리[선창先唱]를 하면 나머지 사람들은 '강강술래' 하며 받는 소리[후창後唱]를 한다. 둥근 달이 떠오르기 시작하면 여성들은 손에 손을 잡고 오른쪽으로 돌며 둥근 원을 그려나가듯이 도는 원무圓舞로 시작해 서서히 '남생아 놀아라', '고사리 꺾기', '덕석 말기와 풀기', '청어 엮기와 풀기', '기와 밟기' 등 다채로운 동작을 가미한다. 또한 노랫말을 즉흥적으로 바꾸어가며 부를 수 있어, 노랫말에 자연스럽게 여성의 애환이 담긴다.

강강술래는 손에 손을 잡고 둥근 원을 그려나가듯이 도는 원무로 시작해 서서히 '남생아 놀아라', '고사리 꺾기', '덕석 말기와 풀기', '청어 엮기와 풀기', '기와 밟기' 등 다채로운 동작을 가미하는데, 사진은 그중 쥔쥐새끼놀이다.

처음 앞부분은 느리지만 후반부로 갈수록 장단이 빨라지면서 점점 신명이

나고 춤 동작도 활발하고 역동적으로 변해간다. "술래판이 절정에 오르면 서방이고 자식새끼고 다 소용없어. 오직 신명에 빠진 이녁 몸뚱아리만 존재할 뿐!"이라고 할 정도이다. 강강술래 놀이로 밤을 지새우도록 몰입도가 크다.

강강술래는 주로 전라남도의 해안 지방, 그중에서도 해남, 무안, 진도, 완도, 강진, 보성, 고흥 등지에서 성행한다. 임진왜란 때 이순신 장군이 만들어냈다는 설을 비롯해 갖가지 유래설이 분분하고, 명칭에 대한 유래설도 다양하지만, 분명한 것은 여성들의 놀이가 적었던 시절에 빨리 배울 수 있는 쉬운 가락과 동작들로 이루어져 있어 누구나 참여할 수 있었고, 참여하는 여성들을 공동체 의식으로 묶어주는 놀이였다는 점이다. 노랫소리에 맞추어 많은 여성들이 손을 잡고 둥글게 원을 그리며 춤을 출 때 농악기로 반주를 하여 흥을 돋운다.

초저녁에 달이 뜰 때 시작하여 달이 서산에 기울 때까지, 밤을 지새울 정도로 흥겹고 또한 역동적인 강강술래는 설소리를 하는 사람의 노랫가락의 빠르기에 따라 손을 잡고 뛰는 여성들의 발놀림도 빠르기가 달라진다.

남사당놀이

Namsadang Nori

천대를 받았으나 신명나게 놀았더이다

남사당은 조선시대 전국을 떠돌아다닌 예인 집단으로, 이들의 놀이에는 노래와 춤과 연주, 묘기, 탈놀이, 인형극 등이 한꺼번에 연희되어 특별한 볼거리가 없고, 달리 시름을 털어놓을 데가 마땅치 않았던 서민에게 큰 인기를 얻었다.

남사당놀이는 마을의 큰 마당에서 이루어졌으며, 풍물(농악 놀이), 버나(대접이나 접시 돌리기 묘기, 대사와 소리가 재미를 더한다), 살판(땅재주 묘기), 어름(줄타기, 대사와 소리가 재미를 더한다), 덧뵈기(네 마당으로 구성되는 탈놀이, 풍자극), 덜미(꼭두각시놀음, 인형극)라는 이름의 각각 독립성을 띤 연희들이 서로 연계되며 펼쳐진다.

버나나 살판, 어름은 모두 높은 수준의 기술을 필요로 하는 묘기 예술이며, 덧뵈기나 덜미는 사회를 비판하고 비꼬는 사회 풍자적인 성격이 강했다. 특히 덧뵈기는 승려와 양반을 비꼬거나 조롱하고, 본처와 후처 사이의 갈등, 서민들의 슬픔과 고통 등을 풍자하는 내용이며, 덜미는 우리나라 인형극의 전통을 계승하여 지금까지 가장 많이 공연되고 있는 남사당놀이의 하나이다.

남사당패의 조직은 모갑이 또는 꼭두쇠라고 부르는 단장 밑에 그를 보좌하는 곰뱅이쇠(기획), 각 연희 분야의 뜬쇠(조장), 가열(수련생), 삐리(초보자), 저승패(고문격), 잔심부름과 장비를 운반하는 등짐꾼 등 40~50명으로 이루어졌다. 남사당패의 단원들은 보통 가난한 집의 어린이를 받아들이거나 가출아로 충원하였으며, 비록 가난한 농가 출신이나 고아 등으로 이루어진 조직이었으나 규율은 매우 엄격했다고 한다.

남사당놀이는 일반 서민에게는 환영을 받았지만, 양반들에게는 크게 멸시를 받았다. 그래서 남사당패는 함부로 마을에 출입할 수가 없었다. 공연을 하기 위해서는 먼저 마을에서 가장 잘 보이는 언덕을 골라 온갖 재주를 보여주는 한

남사당놀이 중 마지막에 펼쳐지는 덜미. 꼭두각시놀음 또는 박첨지놀음이라고도 하는데 은근히 사회를 비판하고 풍자한다.

편 마을로 들어가 마을의 양반이나 이장 등에게 놀이판을 벌여도 좋다는 승낙을 얻어야 했다. 허가받는 일은 곰뱅이쇠가 맡았다.

남사당놀이가 정확히 언제부터 시작되었는지 알 수 없지만, 구전에 의하면 신라 초기부터 시작되었다고도 한다. 그러나 남사당에 관한 기록은 매우 적으며, 기록이 있더라도 당시 사회에서 가장 천대받는 계급의 놀이라는 이유로 좋지 않게 기록되어 있다. 옛날부터 남사당과 비슷한 집단으로 사당패, 솟대쟁이패 같은 떠돌이 예인 집단이 있었는데, 남사당이라는 명칭은 조선시대 후반부터 생겨난 것으로 여겨진다. 유래가 언제부터인지는 알 수 없지만, 남사당놀이는 일반 서민을 상대로 일반 서민들의 시름을 달래주는 놀이였다는 데 의의가 있다. 일반 서민들은 남사당놀이에서 나타나는 여러 가지 사회 풍자를 통해 그들의 답답한 마음을 풀 수 있었고, 농사일로 지친 몸과 마음을 달래고 쉴 수 있었다.

남사당놀이는 단순한 놀이가 아니라 춤과 연주, 묘기, 탈놀이, 인형극 등 모든 것을 총집합한 종합 예술로, 서민들을 상대로 서민들의 삶과 시름을 달래주는 서민들을 위한 놀이다. 사진은 남사당놀이의 시작을 알리는 신명나는 풍물이다.

영산재

Yeongsanjae

산 자도 죽은 자도 불법의 세계로 이끌다

'생자필멸 회자정리生者必滅 會者定離'라 하였다. 인간은 누구나 죽는다. 영산재靈山齋는 망자亡者가 죽은 후에라도 부처님의 진리를 깨달아 번뇌와 괴로움에서 벗어날 수 있는 경지에 이르도록 기원하는 일종의 굿이자 제사 의식(재齋)이며 법회法會이다. 사람이 죽은 지 49일째 되는 날에 지낸다. 불교에서는 죽은 뒤 49일 동안에 다음 세상에서의 인연이 결정된다고 믿기 때문이다.

영산재의 '영산'은 부처가 설법을 펼쳤던 영취산을 일컬으며, 영산에서 설법하는 부처와 설법을 듣는 보살과 대중들을 모습을 '영산회상靈山會上'이라 하고, 이를 그린 그림을 '영산회상도靈山會上圖'라 한다. 영산재는 영산회상의 모습을 의식으로 재현하는 의미를 지니고 있으며, 불교의 천도의례薦度儀禮(망자가 살아서 지은 업을 소멸하고 극락왕생하도록 기원하는 의식) 가운데 대표적인 제사 의식이다. 영산재는 나라의 안녕이나 군사들의 무운장구武運長久 등을 위해서 행해지기도 한다.

본래 사흘 밤낮으로 진행되었다고 하니 얼마나 큰 행사였을지 짐작이 된다. 흔히 경황이 없고 시끌벅적한 상태를 가리켜 '야단법석野壇法席'이라는 말을 쓴다. 야단법석은 본래 불교에서 나온 말이다. '야단'은 야외에 세운 단이라는 뜻이고, '법석'은 불법을 펴는 자리라는 뜻, 곧 야외에 단을 펴고 부처님의 말씀을 듣는 자리를 말한다. 그만큼 말씀을 듣고자 하는 사람이 많기 때문이다. 부처가 영취산에서 법화경을 설법했을 때에는 무려 300만 명이 모였다고 한다.

규모가 큰 만큼 행사 구성도 다양하고 절차도 화려하고 장엄하게 진행된다. 야외 법회인 영산재는 영산회상을 상징하는 영산회상도를 내다 거는 것으로 시작하여, 제단에 모실 불, 보살, 수호신, 영혼을 모셔오는 행렬 의식, 신앙의

영산재가 진행되는 동안 부처님의 공덕을 찬양하는 불교 의식 음악인 범패를 부른다. 범패는 가곡 · 판소리와 더불어 우리나라 3대 성악의 하나며 아악(雅樂)에도 영향을 끼쳤다.

대상에 예를 갖추어 대접하는 의식, 신앙의 대상을 보내는 봉송 의식의 순서로 진행된다. 영산재에서 가장 중요시되는 것은 부처 앞에 공양을 드리는 불공佛供으로, 영산재가 다른 천도재보다 오래 걸리는 것은 불공 부분의 규모가 크고 장엄하기 때문이다.

영산재에서 빠질 수 없는 것이 음악이다. 의식이 진행되는 동안 범패梵唄를 노래하며, 해금, 북, 장구, 거문고 등의 각종 악기를 연주하고, 바라춤, 나비춤, 법고춤 등을 춘다. 범패는 불가에서 재를 올릴 때 쓰는 의식 음악으로, 가곡·판소리와 더불어 우리나라 3대 성악곡으로 꼽힌다.

영산재의 특징 중 하나는 보여주기 위한 공연이 아니라 대중이 참여하는 장엄한 의식이라는 점이다. 망자뿐만 아니라 생자生者 또한 이러한 행사의 참여를 통해 부처님의 진리에 한 발 다가서게 하는 것이다.

영산재는 부처가 영취산에서 행한 설법인 영산회상을 상징화한 의식 절차로, 불보살의 공덕을 찬탄하여 죽은 자를 극락으로 인도하고 산 자에게 복을 빌어주는 일종의 굿이자 제사 의식이며 법회다.

제주칠머리당영등굿

Jeju Chilmeoridang Yeongdeunggut

풍어를 기원하는 해녀의 소망이 담긴 민속 의례

'굿'이란 말을 빼놓고 한국인을 말할 수 있을까. 아무리 시대가 현대화되었다고 해도 한국인을 이해하고 한국 문화를 알기 위해 굿에 대한 이해는 필수이다. 인간과 자연, 인간과 인간, 인간과 자아 사이에 생기는 엉킴과 맺힘을 풀어냄으로써 각기 본성대로 생명력을 회복할 수 있도록 '풀어주는[解寃]' 행위가 굿이다.

영등굿은 '영등신' 또는 '영등할망'으로 불리는 여신을 모시는 제주도 고유의 무속 의례이다. 영등신은 음력 2월 초하루에 강남천자국 또는 외눈배기섬에서 제주 동쪽 우도를 거쳐 제주도에 들어와 바닷가를 돌며 미역 씨, 전복 씨, 소라 씨, 청각 씨 등을 뿌려 해녀들의 풍성한 채취를 돕고 15일에 다시 우도를 거쳐 본국으로 돌아간다.

영등신에 관한 신앙은《동국여지승람東國輿地勝覽》의 기록에 이미 해촌 신앙 행사로 되어 있는 것으로 보아 조선시대 이전부터 있었던 것으로 보인다. 일제강점기만 해도 많은 제주 마을에서 영등굿을 행했는데, 점차 사라지고 현재는 일부 해촌 지역에만 남아 있다.

제주칠머리당영등굿은 제주시 건입동 '칠머리당'이라고 부르는 '본향당本鄕堂'에서 음력 2월에 풍작과 풍어를 기원하며 벌이는 영등굿으로, 제주도에서 열리는 여러 영등굿 가운데 가장 대표적이다. 본향당은 마을과 주민 생활의 모든 것을 수호해주는 신을 모시는 곳으로, 건입동 본향당에서 모시는 신은 부부인 '도원수감찰지방관都元帥監察地方官'과 '용왕해신부인龍王海神夫人'이다. 건입동의 본향당을 '칠머리당'이라 부르는 것은 원래 당이 있던 곳이 일곱 개의 머리 모양을 하고 있었기 때문이다. 칠머리당은 제주항과 사라봉 중간의 바닷가 언덕 위에

제주칠머리당영등굿은 풍어와 풍작 그리고 바다의 평온을 기원하기 위해 매년 음력 2월에 벌이는 굿으로, 영등환영제와 영등송별제로 두 번 나누어서 굿을 치루는데 환영제보다는 송별제를 크게 치룬다.

있었으나 현재는 사라봉 산책로 입구로 옮겨져 있다. 칠머리당영등굿에서는 영등신과 도원수감찰지방관과 용왕해신부인에게 제를 올린다.

칠머리당영등굿를 올리는 시기는 '영등달'이라고 부르는 2월 1일과 14일이다. 1일에는 '영등환영제', 14일에는 '영등송별제'를 올린다. 심방('무당'의 제주말)은 화려한 기를 단 큰 대와 풍성한 제물이 차려진 상 앞에서 징, 북, 설쇠 등의 장단에 맞추어 노래와 춤이 어우러진 굿을 시작한다. 영등을 맞이하는 굿은 신을 부르는 의식과 풍어 기원, 조상신 위안 등의 요소를 담고 있으며, 영등신을 보낼 때에는 술과 떡, 곡식을 바치고, 마을 노인들은 짚으로 만든 배를 바다에 띄운다. 영등신이 떠나면 비로소 봄이 시작된다. 대접을 잘 받은 영등신은 떠나면서 씨를 뿌리고 물결치는 바다를 잔잔하게 만들어준다.

제주칠머리당영등굿은 제주도 특유의 해녀 신앙과 민속신앙을 담고 있으며, 우리나라에서 유일하게 행해지고 있는 해녀의 굿이다.

영등굿은 건입동 주민뿐 아니라 제주시 내의 어부와 해녀들도 참가한다. 심방은 징과 북, 설쇠 등의 악기 장단에 맞추어 노래와 춤으로 굿을 진행한다.

처용무

Cheoyongmu

벽사를 넘어서 음양오행을 춤추다

'처용설화'에서 비롯된 처용무處容舞는 신라시대부터 오늘날까지 천여 년을 이어온 가면무이다. '오방처용무五方處容舞'라고도 불리며, 궁중무용 가운데 유일하게 가면을 쓰고 추는 춤으로, 춤사위가 당당하고 활기차다.

신라 헌강왕(재위 875~886년) 때의 일이다. 용의 아들 처용이 개운포에서 왕을 만나 따라나섰다. 서라벌에 자리를 잡고 결혼도 하였는데, 어느 날 집에 와 보니 아내가 다른 남자와 잠자리를 같이하고 있었다. 이를 본 처용이 노래를 부르고 춤을 추며 물러나왔다. "서울 밝은 달에 밤들어 노니다가 / 들어서야 자리를 보니 가랑이가 넷일러라 / 둘은 내 것인데 둘은 뉘 것이뇨 / 본디는 내 것이다마는 앗은 것은 어찌할꼬." 이에 남자는 역신의 정체를 드러내며 무릎을 꿇었다. "제가 잘못을 저질렀는데, 공이 노여움을 내지 않으시니 감동하여 칭송하는 바입니다. 이제부터는 공의 모습이 그려진 것만 보아도 그 문 안에 들어가지 않겠습니다." 이후 사람들은 처용의 형상을 그려 문에 붙여서 사귀邪鬼를 막았다고 한다.

궁중무용 가운데 유일하게 사람 형상을 한 가면을 쓰고 추는 남무(男舞)로서, 춤사위가 당당하고 활기차다.

고려 말까지 처용무는 한 사람이 추는 춤으로 벽사辟邪 의례로 연행되었으나 조선 세종 때에 이르러 처용무와 학무鶴舞와 연화대무蓮花臺舞가 합쳐진 오방처용무로 바뀌어 궁중과 관아의 연향宴享 때 추었다. 오방처용무는 다섯 사람이 춤을 춘다. 조선 말 전승이 끊어졌던 것을 일제강점기 이왕직아악부에서 재현하여 오늘에 이어지고 있다. 전통 무용 가운데 발생 연원과 전래 경로가 뚜렷한 것이 특징이다.

처용무의 또 다른 특징은 고유의 가면과 독특한 의상이 곁들여진다는 점이다. 춤꾼 다섯이 청(동쪽), 홍(남쪽), 황(중앙), 흑(북쪽), 백(서쪽)의 옷을 방위에 맞추어 입은 뒤, 붉은색 처용의 가면에 모란꽃, 복숭아 열매와 가지, 귀거리를 단 탈(사모紗帽)을 쓰고, 홍록흉배紅綠胸背, 초록천의草綠天衣, 남오군藍襖裙, 홍방슬紅方膝, 황초상黃襖裳에 금동혁대金銅革帶를 띠고 백한삼白汗衫을 끼고 백피혜白皮鞋를 신는다.

처용무에서 춤꾼이 각기 다른 오방색의 옷을 입는 것은 춤 동작으로써 음양오행의 원리를 설명하기 위함이다. 처용의 얼굴이 붉은 것은 예로부터 벽사의 의미를 가졌기 때문이고, 흰 신을 신는 것은 하얀 발이 닿는 곳마다 밝은 세상으로 변하길 염원하기 때문이다. 흰색의 한삼도 마찬가지이다. 우리 선조들은 춤 하나에도 철학과 가치를 담아 그 의미와 상징이 오묘하게 드러나도록 만들었다. 처용무는 우리 춤의 특질과 전통 사상과 철학이 가장 잘 드러난 춤이다.

현재 처용무의 악기 편성은 궁중 연향 때와는 크게 다르다. 집박, 피리, 대인, 행금, 장고, 좌고 등 피리외 각 1인 총 7인으로 된 삼현육각의 악기 편성을 따르고 있다.

처용무란 처용 가면을 쓰고 추는 춤으로, 통일신라 헌강왕 때 살던 처용이 아내를 범하려던 역신 앞에서 자신이 지은 노래를 부르며 춤을 춰서 귀신을 물리쳤다는 설화를 바탕으로 하고 있다.

가곡

Gagok

세상에서 가장 느린 신선의 노래

가곡歌曲은 '시조時調(우리나라 고유의 정형시)'에 곡을 붙여 거문고나 가야금, 대금이나 소금, 해금, 장구 등의 반주에 맞추어 부르는 노래이다. 조선시대 궁중과 양반 사이에 즐겨 부르던 시조, '가사歌詞'와 더불어 아정雅正(기품이 높고 바르다)한 노래라는 뜻의 '정가正歌'라고 부르며, 일반 서민들이 부르던 판소리, 민요, 잡가와 구분하였다. 같은 정가이지만, 시조나 가사에 견주었을 때에도 그 예술성이 뛰어나다는 평을 받고 있다.

가곡은 부르는 사람에 따라서 남창 가곡, 여창 가곡, 남녀창 가곡으로 나뉘는데 위의 사진은 여창 가곡이며 오른쪽 사진은 남녀창 가곡이다.

대부분의 가곡은 40여 자의 가사를 11분에 걸쳐 연주하는 굉장히 느린 곡인 데다 음정도 2옥타브여서 누구든지 쉽게 이해할 수 있다. 가곡의 구성은 전 5장으로 이어져 있으며, 시조나 가사 등 다른 정가에서 볼 수 없는 전주와 간주 성격의 대여음大餘音과 중여음中餘音이 있어서, 한 곡 안에서 기악 연주와 성악의 대비감을 느낄 수 있다.

원래 가곡은 조선 전기만 하더라도 가장 느린 만대엽慢大葉, 중간 속도의 중대엽中大葉, 빠른 삭대엽數大葉 세 종류가 있었으나, 지금 현재 전승되고 있는 것은 삭대엽뿐이다. 만대엽, 중대엽이 없어진 대신 삭대엽은 많은 파생곡을 낳아 현행 가곡의 틀을 갖추게 되었다.

현재 전승되고 있는 가곡은 40여 종으로 평조平調(화평한 곡조), 우조羽調(맑고 씩씩한 곡조), 계면조界面調(매우 슬픈 곡조)를 포함하여 연주 형태에 따라 남자 1명이 부르는 남창 가곡, 여자 1명이 부르는 여창 가곡, 남녀 2명이 부르는 남녀창 가곡의 세 유형이 있다.

다음은 '버들은 실이 되고'로 시작하는 여창 가곡女昌歌曲 평조平調 이삭대엽二數

大葉(초삭대엽初數大葉 다음에 부르는 곡)의 가사와 연주 순서이다.

(대여음-전주) / 버들은 실이 되고(초장) / 꾀꼬리는 북이 되어(2장) / 구십九十 삼춘三春에 짜내느니 나의 시름 누구서(3장) / (중여음-간주) / 녹음방초綠陰芳草를(4장) / 승화시勝花時라 하는고(5장) / (대여음-후주)

총 43글자가 포함된 이 노래를 다 부르면 11분이 넘게 걸린다. 천천히 10여 분간 노래를 하다 보면 마음속 슬픔과 근심이 어느새 사라지고 수양이 된다. 신명과 흥겨움은 없지만, 고고하며 우아하고 맑은 소리가 특징이며, 성조 자체의 넘침과 처짐이 없이 유연하게 이어가는 아름다운 소리이다.

세계 음악 전문가들은 '심신을 정화시켜주는 맑은 노래', '세상에서 가장 느린 신선의 노래'라는 찬사로 가곡의 높은 음악성에 특별한 관심을 가져왔다. 가곡도 서양 가곡처럼 세계인의 공감을 받고 사랑받는, 또한 한국을 알리는 음악이 될 것이 기대된다.

가곡은 일반 서민들이 부르던 판소리, 민요, 잡가와 구분되는 정가이며 성악곡이다. 시조에 곡을 붙여 대금이나 소금, 해금, 장구 등의 관현악 반주에 얹어 부르는 우리의 전통 음악으로, 선조의 얼과 풍류를 엿볼 수 있다.

대목장

Daemokjang

전통 목조건축의 최고 책임을 기꺼이, 맡다

집은 가족이 생활하는 공간일 뿐만 아니라 집주인의 신분이나 부를 나타내는 역할도 하였다. 그래서 궁궐이나 사대부집, 사찰과 같이 크고 아름다운 집이 등장하였다. 궁궐이든 사찰이든 일반 가옥이든 우리나라의 주택은 전통적으로 목재를 이용한 건축이었다.

전통 목조건축물을 완성하기 위해서는 여러 과정을 거쳐야만 한다. 목재의 구입부터 건물의 배치, 설계 과정을 거쳐 목재를 마름질하고 조립하여 건물의 뼈대를 완성하고, 이후로도 벽을 만들고 지붕을 올리고 기와, 단청에 이르기까지 여러 단계로 나뉘는 복잡한 과정을 거친다. 뿐만 아니라 집이 커지면 자연히 지붕과 몸체도 크고 무거워진다. 집의 뼈대도 더 튼튼해져야 한다.

집 짓는 각 과정에서 사용되는 기법들, 이음과 맞춤, 도구들을 종합적으로 이해하고 그 기술을 습득하는 것은 짧은 시간에 이루어질 수 없는 것이다. 전통 목조건축 기법은 수십 년을 두고 스승으로부터 물려받아 갈고 닦은 경륜에 의해 이루어진다.

나무를 다루어 집 짓는 일을 업으로 삼은 사람을 '목수木手' 또는 '목장木匠'이라 한다. 문짝이나 난간, 가구, 조각 같은 소규모 목공일인 '소목小木'과 구분하여, '대목大木'이라 함은 기둥·보·도리·연목·추녀·사래·창방·평방·공포 등 건물의 골조 공사를 말한다. 대목일을 맡은 목공 분야의 기술 총책임자가 '대목장大木匠'이다. 대목장은 목공 분야의 기술뿐만 아니라 건축과 관련된 모든 과정, 곧 와장·드잡이·석장·미장이·단청장 등 많은 장인들을 통솔 지휘하는 총책임도 맡았다. 궁궐이나 성곽 등을 짓는 목수는 민가를 짓는 목수와 구별하여 특별히 '궁궐목수' 또는 '장인목수'라 하였다. 궁궐목수라 하면, 그야말로 목수 중

목수가 창방을 조립하고 장혀를 설치하고 있다. 목공일은 크게 대목과 소목으로 구분하는데, 대목일은 기둥·보·도리·연목·추녀·사래·창방·평방·공포 등 건물의 주된 골조 공사를 말한다.

의 최고 우두머리이다. 궁궐목수에 주어진 벼슬 또한 상당하였다.

조선 후기인 18세기 이후로는 목수에게 벼슬을 주는 제도가 없어지고, 대목이란 명칭 대신 '편수邊手·片手'가 등장한다. 편수 중 최고 책임자를 '도편수都邊手·都片手'라 부른다. 한자 표기에 따르면 都邊手는 관영 공사를 맡고, 都片手는 사원 공사를 맡았다. 그러나 편수는 조선 초기의 대목과 차이를 보이며, 신분상으로도 대목보다 낮아진다. 조선시대 문文을 숭상하고 무武와 기예技藝를 낮게 보았던 유교적 영향에 의한 것으로 생각된다. 하지만 대목장을 비롯한 여러 장인들이 갈고 닦은 기예를 천직으로 여겨왔기 때문에 후손들이 물려받아 감상할 수 있는 불후의 작품들을 남겨 놓을 수 있었다.

대목장의 경우, 기능 분야에서는 국내 최초로 유네스코 인류무형유산에 등재되는 기록을 세웠으며, 세계유산인 창덕궁이나 최근의 경복궁 광화문과 숭례문 복원 등이 대목장의 지휘 아래 이루어졌다는 점에서 대목장의 등재는 더욱 뜻이 깊다.

2009년 11월 27일 광화문 복원 상량식. 대목장을 비롯한 많은 전통 장인들이 참여하여 기둥 세우기, 대들보 올리기, 포작 설치 등 목조 가구재의 조립을 마치고 마침내 마룻도리를 올리는 상량에 이르게 되었다.

매사냥

Falconry

길들인 매가 꿩을 낚아채다, 쏜살같이

매사냥은 일반 수렵과 달리 매를 이용한 간접적인 사냥이다. 매를 길들여 야생의 먹이를 낚아채오도록 하는 것이다. 매사냥을 하자면 먼저 매를 사냥해야 하고 매를 길들이는 과정을 거쳐야 한다. 매사냥은 수렵의 목적으로 시작했지만, 오랜 역사를 거치는 동안 유희의 목적을 함께 갖게 되었다.

신라의 진평왕(579~632년)이 매사냥에 열중하여 정사를 소홀히 하자 김후직이 진평왕의 사냥 길목에 자신의 시신을 묻게 하여 왕으로 하여금 잘못을 깨닫게 했다고 한다. 매사냥에 흠뻑 빠진 것이다《삼국사기》〈열전〉. 매 사냥꾼들은 "야생 매를 잡아다 길들이는 기쁨, 자식같이 키운 매가 첫 사냥에 성공했을 때의 성취감은 경험해보지 못한 사람은 모른다. 매사냥은 자연과 교감할 수 있고, 호연지기를 기를 수 있는 최고의 수련"이라고 단언한다.

조선시대에는 매 가운데 뛰어나고 털빛이 흰 것을 '송골매', 털빛이 푸른 것을 '해동청'이라 하였고, 그해에 잡아 길들인 햇매는 '보라매', 산에서 여러 해를 산 것은 '산지니', 집에서 여러 해를 기른 것은 '수지니'이라 하였다. 예로부터 우리나라의 매는 '해동청', '해청'이라 하였는데, 용맹하고 사냥을 잘 하기로 이름이 났다.

한편 매사냥을 할 때에는 매의 꽁지에 소리를 나게 하는 방울과 주인의 이름과 주소가 적힌 '시치미'를 달았다. '시치미를 떼다'라는 말은 바로 자기 집에 날아온 매의 시치미를 떼고 자기 매인 척하는 데서 유래한 것이다.

매가 날아오르면 매 사냥꾼들은 매를 찾으러 뛰기 시작한다. 꿩을 잡은 매가 배부르도록 포식을 하면 다음 사냥을 기대할 수 없기 때문이다. 이때 사냥꾼은 매우 조심해야 한다. 대개 매는 꿩을 날카로운 발톱으로 제압한 뒤 골과 눈

화원(畵員) 김희겸(金喜謙)이 1748년에 그린 석천한유도(石泉閑遊圖) 중 부분. 조선 후기의 무신 석천(石泉) 전일상(田日祥)이 정자 위에 앉아 한가로이 더위를 피하고 있는 장면으로 매를 손등에 얹고 있는 것으로 보아 당시의 매사냥을 엿볼 수 있다. 매의 꽁지에 붉은색의 시치미와 방울이 달려있다.

을 부리로 쪼아 먹는다. 이때 매를 성급히 잡아떼면 제 성질을 이기지 못하고 죽는 수가 있다. 꿩의 훼손을 최소화하고 매의 포식을 막기 위해서는 꿩을 잡아 뗄 수밖에 없는데, 이때는 슬그머니 꿩을 가로채되, 매가 꿩의 골을 어느 정도 먹게 하거나 골을 직접 때어내어 매에게 주어야 한다.

매는 우리 민족에게 충성스러운 사냥꾼이었다. 매는 배가 고프지 않으면 사냥을 하지 않는다. 수천 년간 잡은 꿩을 사람에게 내주면서도 여전히 꿩을 쫓아 푸른 하늘을 난다. 이런 습성 때문에 매는 지조가 높고 고결한 새로 인식되었다.

매사냥은 아시아에서 발원하여 무역과 문화 교류를 통해 다른 지역으로 확산된 것으로 보이며, 현재 60여 개국에서 전승되고 있다. 2010년 유네스코 인류무형유산 등재 신청은 우리나라와 아랍에미리트UAE · 벨기에 · 체코 · 프랑스 · 모로코 · 카타르 · 시리아 · 사우디아라비아 · 스페인 · 몽골 등 11개국 공동으로 이뤄졌다. 처음으로 동서양을 아우르는 공동 등재로 더욱 뜻이 깊다.

전통 수렵 방법은 여러 가지 있으나 매사냥처럼 매를 길들여 꿩이나 토끼 등을 잡는 매사냥은 일반 수렵과 달리 매를 이용한 간접적인 사냥이다. 매사냥은 수렵의 목적으로 시작했지만, 오랜 역사를 거치는 동안 유희의 목적을 함께 갖게 되었다.

훈민정음

조선왕조실록

직지심체요절

승정원일기

조선왕조의궤

해인사 고려대장경판 및 제경판

동의보감

United Nations
Educational, Scientific and
Cultural Organization

Memory of the World

Memory
of the
World

세계
기록
유산

훈민정음

Hunminjeongeum

정말 놀랍고 대단하다. 한글의 독창성

세계의 문자들은 언제, 누가 만들었는지 모르기 때문에 '신의 선물'이라고 불린다. 오랜 기간에 걸쳐 서서히 형성되고 또 그것이 변용되어 사용되면서 나타나는 것이 문자이다. 이러한 세계 문자사의 흐름에서 볼 때 한글은 동떨어진 존재이다. 한글만이 과학적이고 체계적이고 독창적인 '발명품'이다. 일정한 시기에 특정한 사람이 완전히 새로운 문자 표기 체계를 만들어 한 나라의 공용 문자로 사용된 것은 우리나라 한글이 유일하다.

한글은 세종 25년(1443) 왕이 만든 문자 표기 체계이다. 세종은 세종 28년(1446)에 《훈민정음訓民正音》('백성을 가르치는 바른 소리'라는 뜻, 책 크기 가로 20cm, 세로 32.3cm)이란 책을 펴내어 한글의 탄생을 세상에 알렸다.

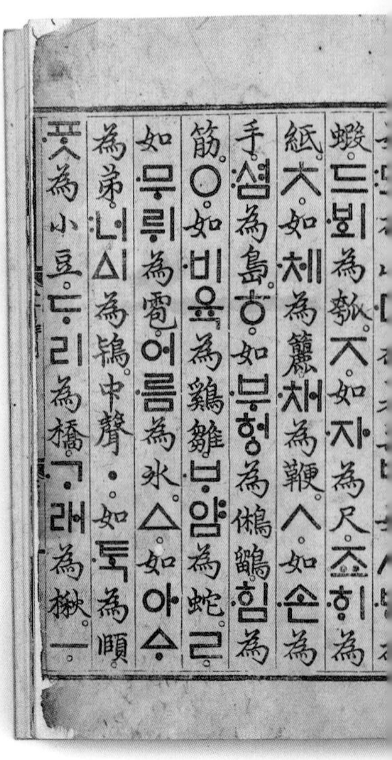

책에는 세종이 책을 펴낸 목적과 새로 만든 낱소리 글자 28자를 소개하고 이를 결합하여 표기하는 방법을 적은 서문과 세종의 명으로 학자 8명이 쓴 〈훈민정음해례본〉(한글을 만든 원리와 글자를 합하여 쓰는 것에 대한 풀이와 예)과 정인지가 쓴 '훈민정음해례본 서문'이 실렸다. 1930년대에 비록 겉장과 첫 장이 떨어져나간 상태로 발견되긴 했지만, 여기에는 '배우기 쉬운 글자를 만들어 모든 사람이 쉽게 배워서 날마다 쓰는 데 편안하게 하겠다'는 한글 창제의 목적과 원리, 그 용법에 관한 자세한 설명이 적혀 있다.

창제 당시의 한글은 닿소리(자음) 17자와 홀소리(모음) 11자로 이루어져 있었다. 닿소리의 기본이 되는 'ㄱ', 'ㄴ', 'ㅅ', 'ㅁ', 'ㅇ' 다섯 가지는 발성기관의 모양을 본떠 만들었는데, 여기에는 동양 철학인 핵심인 오행사상(자연을 이루고 있는 기본 요소는 쇠, 나무, 물, 불, 흙라는 생각)이 담겨 있다. 홀소리의 기본이 되는 'ㆍ', 'ㅡ', 'ㅣ'도

입을 벌릴 때의 모양을 따르면서 우주의 근원이 되는 하늘과 땅과 사람을 상징한다. 모두 28자를 만들었지만 닿소리 다섯 글자와 홀소리 세 글자를 바탕으로 획을 더해 만들었기에 누구나 쉽게 익힐 수가 있다. 또한 이들 낱글자를 모아쓰면 어떠한 소리든지 표기할 수가 있다. 창제 당시의 낱소리 글자 28자 가운데 'ㆆ', 'ㅿ', 'ㆁ', 'ㆍ'는 자연스럽게 소멸되어 현재는 낱소리 글자 24자가 사용되고 있다.

유네스코는 문맹 퇴치에 기여한 사람에게 '세종대왕상'을 주고, 독일의 언어학자 하스펠 마트Haspel Mart는 '한글날인 10월 9일을 세계 언어학의 날로 기념하자'는 제안을 했다. 한글은 세계 문자사에 그야말로 우뚝 서 있다.

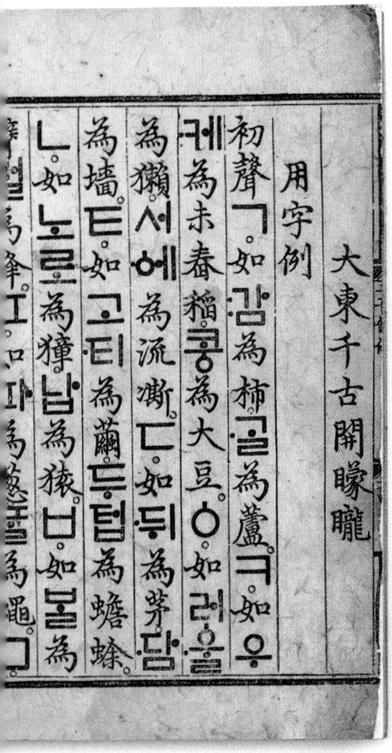

⌄ 〈훈민정음해례본〉의 용자례(用字例). 일정한 시기에 특정인이 이미 있던 문자에 영향 받지 않고 독창적으로 새 문자를 만들어 한 나라의 공용 문자로 사용한 예는 한글이 유일하다. 간송미술관 소장.

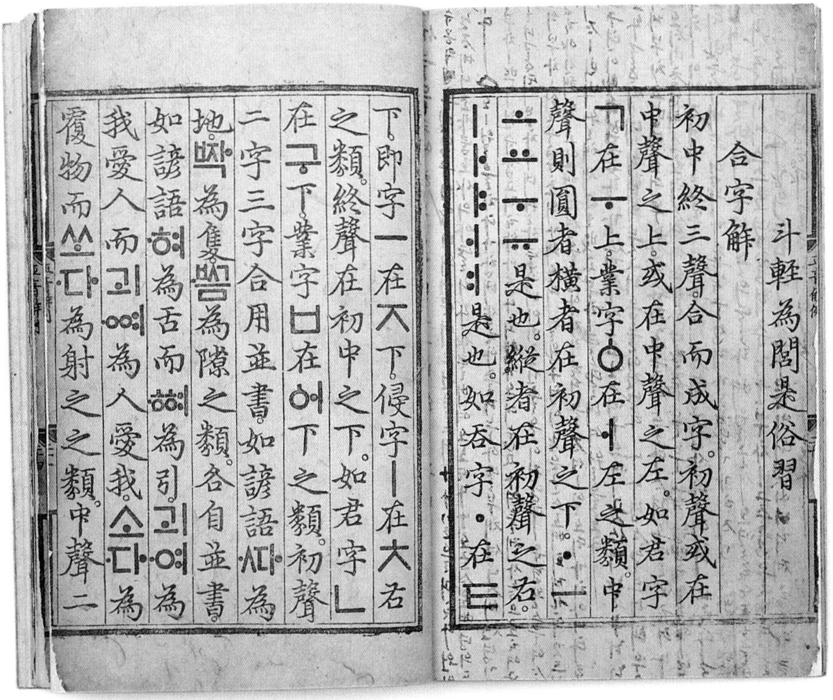

◷ 〈훈민정음해례본〉의 합자해(合字解). 《세종실록》에는 1446년 음력 9월에 완성되었다고 적혀 있고, '훈민정음해례본 서문'에서 정인지는 1446년 음력 9월 상순에 썼다고 하여 늦어도 1446년 음력 9월 10일에는 《훈민정음》이 출간되었다고 여겨진다. 간송미술관 소장.

조선왕조실록

Joseon Wangjo Sillok, Annals of the Joseon Dynasty

세계사 연구에 기여하는 소중한 우리 기록

왕조 국가에서 왕의 공식 행사나 일상생활은 여러 가지 방식으로 기록된다. 왕의 삶 자체가 왕조의 역사가 되기 때문이다. '실록實錄'은 말 그대로 '사실을 기록'한 것으로, 왕의 재위 기간 동안 일어난 일을 나라가 주도하여 연월일의 시간 순으로 편찬되었으며, 왕에 관한 여러 기록 가운데 국가의 공식 기록으로서 가장 권위 있다.

조선왕조는 태조부터 철종에 이르는 25대 472년간 17만 2000여 일에 일어난 역사 사실을 기록해 놓았다. 이것이 조선왕조실록朝鮮王朝實錄이다. 흔히 '조선왕조실록'이라 부르지만, 사실 조선왕조실록이라는 이름의 책은 없다. 《태조강헌대왕실록》, 《철종대왕실록》 등 태조부터 철종에 이르는 왕 25명에 대한 각각의 실록이 있을 뿐이다. 이를 통틀어 조선왕조실록이라 부른다. 이들 중에는 《연산군일기》나 《광해군일기》와 같이 '일기'라고 한 것도 있지만, 기록의 성격과 체제는 실록과 다르지 않다.

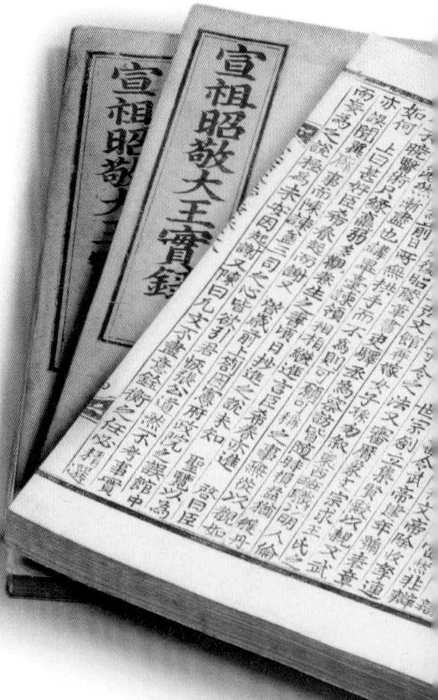

실록의 편찬은 한 왕이 승하하고 다음 왕이 즉위한 후에 시작된다. 실록의 편찬을 위해 '실록청'이라는 임시 관청을 두었으며 사료의 내용을 왜곡하거나 무단으로 첨삭하지 못하도록 매우 엄격히 관리했다.

실록에는 정치는 물론 경제, 외교, 법률, 천문, 의약, 예술, 종교, 사회, 문화, 인물, 풍습 등 광범위한 분야에 걸친 내용이 담겨 있다. 분량만 해도 무려 총 1707권 1188책, 6400여 만 자에 이른다. 세계 어느 나라에서도 조선왕조실록과 같이 오랫동안 풍부한 내용을 신빙성 높게 두루 담아낸 왕조 역사 기록은 찾아볼 수 없다. 유교 문화권 국가인 중국, 일본, 베트남 등에서도 실록을 편찬

했으나, 왕조 전체 기간의 실록이 그대로 내려온 것으로는 중국의 '명실록'과 '청실록'이 있을 뿐이다. 분량으로 따진다면 '청실록'과 '명실록'이 더 많지만, 한 왕조의 역사를 472년간 기록하고 활자로 인쇄해서 남긴 것은 조선왕조실록이 유일하다.

조선왕조실록은 조선뿐만 아니라 중국, 몽골, 만주, 일본 등 동아시아 여러 국가와 민족의 언어, 문화, 역사, 특히 대외 관계사 연구에 크게 도움을 주고 있다.

원본이 한문으로 쓰여 있어서 일반인들이 쉽게 접근할 수 없었는데, 전문가 3천여 명이 25년에 걸쳐 한글로 번역하고 전산화한 뒤로는 조선왕조실록 전문을 누구라도 인터넷으로 볼 수 있게 되었다. 분류와 용어 색인에 따라 찾고자 하는 내용도 쉽게 검색할 수 있다. 전산화된 조선왕조실록을 기반으로 더 다양한 연구 성과가 나오리라 기대된다. 원본은 국가기록원 부산지소와 서울대학교 규장각한국학연구원에서 소장하고 있다.

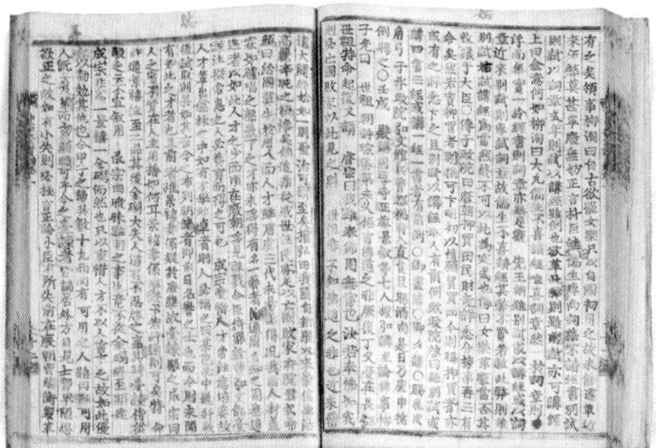

⌄ 조선왕조실록 오대산사고본. 일제강점기 때 일본으로 반출되었다가 간토대지진 때 대부분 소실되고 가까스로 74책이 화를 면하여 1932년에 27책, 2006년에 47책이 국내로 다시 돌아왔다. 서울대학교 규장각한국학연구원 소장.

◔ 조선 11대 임금인 중종의 재위 36년간의 역사를 기록한 《중종실록》. 오대산사고본인 《중종실록》은 임진왜란 이후 실록을 재간할 때 틀린 글자, 빠진 글자, 문장 등을 바로잡기 위해 사용되었던 교정본으로 실록 곳곳에 붉은 교정 표시가 보인다. 서울대학교 규장각한국학연구원 소장.

직지심체요절

Jikjisimcheyojeol

세계에서 처음으로 금속활자를 사용하다

활자는 인류의 삶을 변화시킨 아주 중요한 발명품이다. 특히 대량 인쇄가 가능한 금속활자의 발명으로 인류의 문명은 빠른 속도로 발전할 수 있었다. 우리나라는 자타가 공인하는 인쇄 강국의 전통을 지니고 있다. 700년 무렵 중국에서 목판 인쇄술을 들여와 이를 크게 발전시켰다. 신라시대인 751년 간행된 것으로 추정되는《무구정광대다라니경》은 현존하는 세계 최고의 목판 인쇄본이고, 고려시대인 1236년부터 16년에 걸쳐 판각한 '고려대장경판(세계 최고의 목판)'도 앞선 인쇄 수준을 입증해준다. 목판 인쇄로 쌓은 노하우로 우리나라는 금속활자도 발명하였다. 서양에서는 독일의 구텐베르크가 1400년대 중반 금속활자를 발명한 것으로 알고 있었지만, 우리나라는 이보다 200년이나 앞서 이미 금속활자를 만들어 사용하고 있었다.

이와 같이 주장할 수 있는 근거가 되는 기록이《직지심체요절直指心體要節》이다. 1377년 무렵 청주 흥덕사興德寺에서 금속활자로 찍어낸 직지심체요절의 원래 이름은 '백운화상초록 불조직지심체요절'로, 백운화상이 부처와 여러 고승들의 법어, 대화, 편지 등에서 중요한 내용을 뽑아 편찬한 책이다. '직지'는 불교의 '직지인심 견성성불直指人心 見性成佛'에서 온 말로, 참선하여 사람의 마음을 바르게 볼 때, 그 마음의 본성이 곧 부처님의 마음임을 깨닫게 된다는 뜻이다. 당시 고려시대에 지방의 사찰에서 활자를 만들어서 책을 찍어냈다는 그 자체만으로도 금속활자의 활용과 수준이 어느 정도였는지를 짐작할 수 있다.

직지심체요절은 당시 50~100부 인쇄되어 배포되었을 것으로 추정되는데, 그중 한 권이 1800년대 말에서 1900년 초까지 주한 프랑스 공사였던 콜랭 드 프랑시에 의해 프랑스로 건너갔다. 우리나라가 세계에서 처음으로 금속활자를 만들어 사용했음이 밝혀지는 데는 박병선 박사의 공로가 매우 컸다. 1960년대 말에 프랑스 국립도서관에서 박병선 박사가 직지심체요절을 발견하고, 책의 맨 뒷장에서 '1337년 흥덕사에서 금속활자로 인쇄했다'는 기록을 본 뒤 온갖 노고와 연구 끝에 직지심체요절이 금속활자본임을 증명해냈다. 1972년의 일이다.

세계 최초의 금속활자본인 직지심체요절의 존재와 그 가치가 세상에 널리 알려졌지만, 책의 맨 뒷장에 언급된 청주 흥덕사의 실존 여부와 위치에 관해서는 어떠한 흔적이나 기록도 찾아볼 수 없었다. 그런데 1985년 청주 운천동 일대 절터 발굴 조사에서 '흥덕사'라고 선명하게 음각된 청동금구 파편과 청동불발青銅佛鉢이 발견되었다. 흥덕사의 위치와 존재가 확인되면서 직지심체요절의 가치도 새삼 재확인되었다.

그러나 인류 문명의 발전을 앞당긴 현존 최초의 금속활자본인 직지심체요절은 지금 우리나라가 아닌, 프랑스 국립도서관에 소장되어 있다.

⌄ 1984년 택지조성 공사 중 옛 절터임이 확인되어, 1985년에 청주대학교 박물관에 의해 발굴된 흥덕사지. 발굴 당시 '흥덕사'라고 새겨진 청동금구 파편 등이 나와 절의 이름이 흥덕사였음을 알게 되었다.

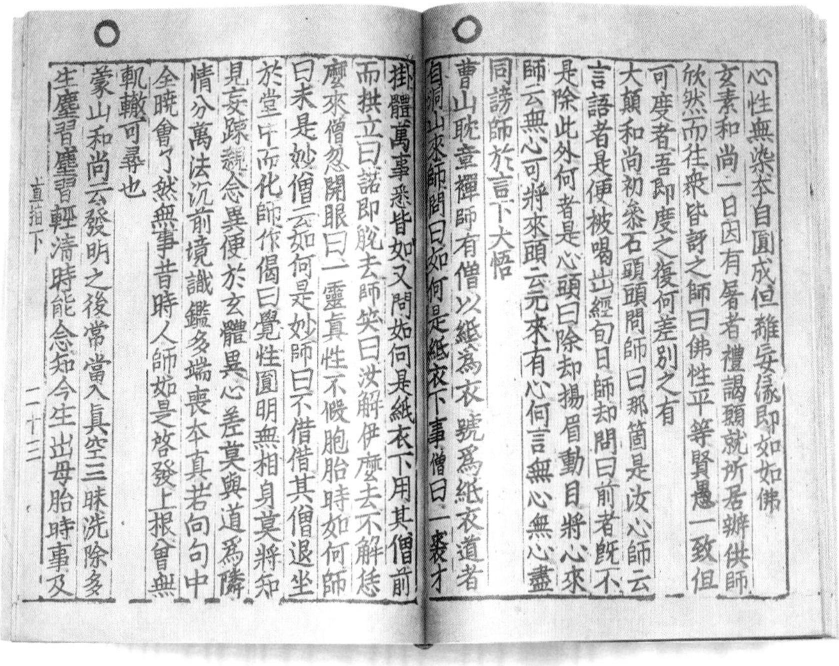

心性無染本自圓成但離妄緣即如如佛
玄素和尚一日因有屠者禮謁願就所居辦供師
欣然而往衆皆訝之師曰佛性平等賢愚一致但
可度者吾即度之復何差別之有
大顚和尚初參石頭頭問師曰那箇是汝心師云
言語者是便被喝出經旬日師却問曰前者旣不
是除此外何者是心頭曰除却揚眉動目將心來
師云無心可將來頭云元來有心何言無心無心盡
同謗師於言下大悟
曹山耽章禪師有僧以紙爲衣號爲紙衣道者
自洞山來師問曰如何是紙衣下事僧曰一裘才
掛體萬事悉皆如又問如何是紙衣下用其僧前
而拱立曰諾即脫去師笑曰汝解伊麼去不解恁
麼來僧忽開眼曰一靈眞性不假胞胎時如何師
曰未是妙僧云如何是妙師曰不借借其僧退坐
於堂中而化師作偈曰覺性圓明無相身莫將知
見妄蹤識念異便於玄體異心差莫與道爲隣
情分萬法沉前境識鑑多端喪本眞若向句中
全曉會了然無事昔時人師如是啓發上根會無
軌轍可尋也
蒙山和尚云發明之後常當入眞空三昧洗除多
生塵習塵習輕淸時能念知今生出母胎時事及
直指下 二十三

◔ 《직지심체요절》 금속활자본. 독일의 금속활자본인 구텐베르크 성경보다도 70여 년 앞선 1377년에 간행된 세계 최고의 금속활자본으로 본래 상하 두 권이었으나 현재 상권은 전해지지 않고 하권 한 책만이 남아 프랑스 국립도서관 동양문헌실에 소장되어 있다.(영인본)

승정원일기

Seungjeongweon Ilgi

지독히 치밀하여 역사의 숨결까지 기록하다

승정원은 3대 태종 때 처음 설치되어 26대 고종 때까지 왕이 내리는 명령과 지시를 전달하고 왕에게 보고되는 정사의 처리나 왕의 자문까지 담당한 조선시대 관청이다. 오늘날의 비서실에 해당하며, 《승정원일기承政院日記》는 말 그대로 '승정원'이라는 관청의 일지이다. 왕명 출납과 제반 행정 사무에 관련하여 취급한 문서와 사건을 날마다 기록한 책인 만큼 조선시대 왕 중심의 정치를 이해하는 데 필수적인 사료이다. '조선왕조실록'을 편찬할 때 기본 자료로 쓰였으며, 원본이 하나밖에 없어 더없이 귀중하다.

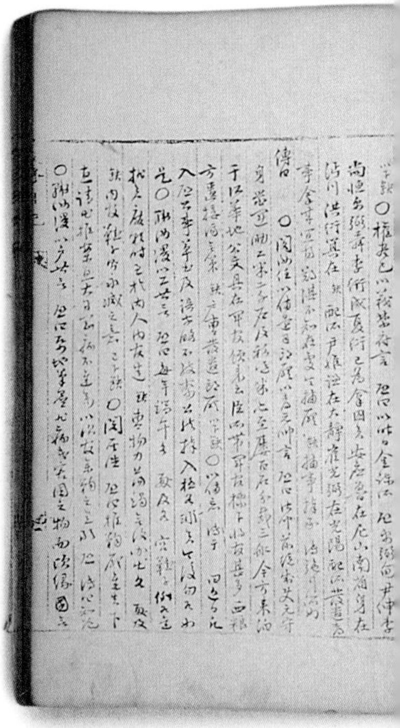

조선 개국 초기부터 작성되었으나 임진왜란 때 불타 버리고, 현재 남아 있는 것은 인조 원년(1623)부터 순종 4년(1910)까지 288년간 10만 5000여 일의 일을 기록한 3243책이다.

《승정원일기》는 항상 날짜와 날씨로 시작하고, 승정원 관리(도승지를 비롯한 6명의 승지와 주서註書 2명으로 구성되었고, 이외에 다른 부서에서 파견되는 관리도 있었다)들의 이름과 출근 상황을 표시한 뒤에 임금의 하루 일과를 장소와 시간대별로 기록하였다.

같은 조선시대 왕실의 기록이면서 세계기록유산으로 등재된 조선왕조실록과 비교해보면, 《승정원일기》의 특징이 좀 더 구체적으로 드러난다.

첫째, 288년 동안 하루도 빠짐없이 매일매일 기록된 《승정원일기》는 총 3243책, 글자 수 2억 4250만 자로, 472년간 기록된 조선왕조실록의 4배에 달할 정도로 방대하다.

둘째, 신하들이 임금과 만날 때는 반드시 사관과 주서가 입회하여 임금과 신하가 주고받은 이야기를 낱낱이 기록했다. 조선왕조실록이 왕의 사후에 사관에 의해 편집된 2차 자료라면, 《승정원일기》는 왕의 당대에 주서에 의해 현안 문서들이 원문 거의 그대로 수록된 1차 사료이다.

셋째, 조선왕조실록의 경우 당대에는 아무도 볼 수 없도록 내용이 철저하게 비밀에 부쳤으나, 《승정원일기》는 국정에 관한 기본 자료로서 당시에도 정책에 참고할 일이 있으면 사례를 찾아볼 수 있었다.

넷째, 《승정원일기》는 왕의 일거수일투족은 물론 기분까지 놓치지 않은 치밀하고 철저히 기록했다. 조선왕조실록이 결과를 중심으로 기록된 반면, 《승정원일기》는 배경, 동기, 과정까지 기록하고 결과에 대한 이모저모까지 상세히 기록했다.

조선왕조실록과 《승정원일기》는 둘 다 세계기록유산이다. 국가의 공식 연대기가 두 가지나 세계기록유산으로 등재된 경우는 전무하며, 이는 조선시대 기록문화가 탁월했음을 드러내는 일이기도 하다. 《승정원일기》도 한글로 번역된 원본 내용을 인터넷으로 볼 수 있다.

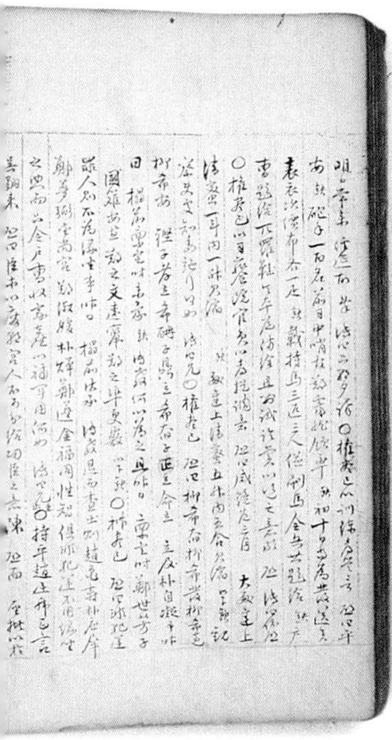

ⓥ 국정 전반에 대해 날마다 기록한 《승정원일기》. 당대에는 아무도 볼 수 없었던 조선왕조실록과 달리 국정에 관한 기본 자료로서 당시에도 정책에 참조할 일이 있으면 《승정원일기》에서 사례를 찾아볼 수 있었다. 서울대학교 규장각한국학연구원 소장.

ⓙ 《승정원일기》 7책의 표지. 《승정원일기》는 임금의 비서기관인 승정원에서 처리한 왕명 출납과 제반 행정사무, 의례적 사항 등을 기록한 업무 일기로 승정원의 명칭에 따라 《승선원일기》 《궁내부일기》 《비서감일기》 《비서원일기》 《규장각일기》 등으로도 불린다. 서울대학교 규장각한국학연구원 소장.

조선왕조의궤

Uigwe, The Royal Protocols of the Joseon Dynasty

글과 그림이 함께 어우러진 국가 행사 보고서

조선시대에는 다양하고 풍부한 기록 문화가 화려하게 꽃피었다. 유네스코 세계 기록유산으로 등재된 조선왕조실록, 《승정원일기》 외에 《비변사등록備邊司謄錄》(조선 중기 이후 최고 의결기관인 비변사의 활동을 적은 일지. 1617년부터 1892년까지 276년간 총 273책), 《일성록日省錄》(왕의 업무 일기. 1760년부터 1910년까지 151년간 총 2327책) 등을 대표적인 성과물로 꼽을 수 있다. 여기에 더하여 '의궤儀軌'는 조선시대 기록 문화의 우수한 전통을 빛내는 꽃과 같은 존재이다.

'의궤'는 '의례儀禮'와 '궤범軌範' 두 단어를 합한 것으로, 왕실 또는 국가가 거행한 규모 있는 행사에 관해 일체의 사항을 적은 보고서 형식의 기록이다. 후대에 이와 같은 행사를 치를 때 본보기를 삼을 수 있게 할 목적으로 간행되었으므로, 행사의 과정에 사용된 각종 공문서를 비롯하여 업무의 분장, 담당자의 명단, 동원된 인원, 소요된 물품, 경비의 지출, 참여자에게 시상한 내역까지 행사의 전 과정을 낱낱이 적었다. 글뿐만 아니라 그림도 동원하여 기록의 충실함은 물론 시각적인 아름다움까지 갖추었다. 특히 행사 기록화인 '반차도班次圖' 같은 그림은 마치 당시의 행사 현장 상황을 중계하는 듯 표현이 생생하다. 반차도는 당대 최고의 화가들이 모인 궁중 화원에서 그린 것으로 작품성이 매우 높다.

현존하는 의궤는 행사의 성격에 따라 탄생·책봉·즉위·혼인·장례 등 왕의 일생에 관련된 의궤, 종묘사직·친경·사신 접대 등 국가 행사와 관련된 의궤, 각종 편찬이나 건축과 관련된 의궤, 왕실 잔치와 관련된 의궤 등으로 구분할 수 있는데, 그 종류는 조선시대에 거행된 국가 행사만큼이나 다양하다.

의궤는 필사본 또는 활자본으로 하여 5~9부가 편찬되었는데, 1부는 왕에게 전달하고, 나머지는 각 부처와 사고 등에 나누어 보관하였다. 왕에게 전달한 어람용 의궤는 왕에게 직접 전달되는 것인 만큼 최고의 정성을 들여 만든 것으로, 제책의 예술성과 가치가 돋보인다. 어람용 의궤는 규장각에서 보관되어 오다가, 1782년(정조 6)에 강화도에 외규장각을 건립하면서 옮겨졌다. 안전하게 보관하기 위한 배려였으나, 오히려 1866년 어람용 의궤 297책을 프랑스군에게 약탈당하는 불운을 겪고 말았다.

'조선왕조의궤' 등에 나타난 조선왕조의 철저한 기록성은 나라를 운영하는 데 있어 한 점 부끄러움이 없도록 하겠다는 자신감과 의지에 다름 아니다. 특히 왕실과 나라의 주요한 행사를 의궤 형식으로 기록한 나라는 조선이 유일하다.

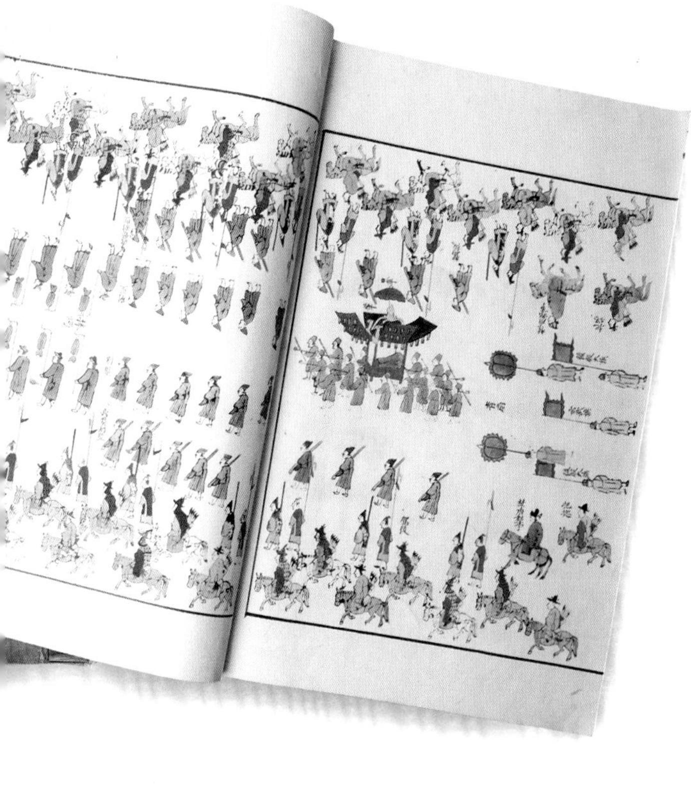

1759년 당시 66세의 영조와 15세의 정순왕후 김씨의 결혼식 과정을 기록한 《영조정순후가례도감의궤》이다. 임금이 왕비를 맞으러 가는 과정이 그려진 반차도가 화려하고 생동감 있다. 서울대학교 규장각한국학연구원 소장.

《명성황후국장도감의궤》. 왕이 친히 열람하는 어람용 의궤는 일반 의궤보다 재료나 장식이 뛰어나 누구라도 한눈에 구별할 수 있도록 하였다. 서울대학교 규장각한국학연구원 소장.

해인사 고려대장경판 및 제경판

Printing Woodblocks for the Tripitaka Koreana and Miscellaneous Buddhist Scriptures

천 년이 지났어도 새로 새긴 듯하니

대장경은 부처가 직접 설법한 것으로 알려진 '경經'과 '율律'은 물론, 그에 대한 주석인 '논論' 등 불교의 가르침을 모두 모아놓은 불교 경전이다. 한문으로 된 대장경은 중국의 여러 왕조와 몽골, 일본에서도 만들었고 그 수도 20~30종에 이른다. 그러나 방대한 분량이나 내용의 정확성 면에서 타의 추종을 불허하는 것이 바로《고려대장경》이다.

'고려대장경판'은 고려대장경을 찍은 8만 1240매의 목판이다. 경판 하나의 크기는 가로 68~78센티미터, 세로 24센티미터, 두께는 2.8~3.4센티미터, 무게는 3.5킬로그램 내외이며, 경판 앞뒤로 한 면에 각각 14자씩 23줄 322자를 새겼다. 어림잡아도 총 5천만 자 이상이다. 경판에 새겨진 글자의 크기가 사방 약 1.5센티미터 정도, 한자로 된 글자는 모두 구양순체이며, 수많은 글자가 고르고 아름답게 판각되어 있다. 판각에 참여한 각수들이 글자를 새기기 전에 목욕재계는 물론이요, 한 글자 새길 때마다 세 번씩 절을 하였다고 하니, 그 정성도 각별했음을 알 수 있다. 뿐만 아니라 고려대장경 안에 교정에 대한 기록인 '교정별록'을 남길 정도로 교정을 꼼꼼히 하여 정확도가 매우 높다. 고려대장경을 판각할 당시 수기법사守其法師 등이 초조본과 송본, 거란본 대장경의 내용을 대교對校하여 오자와 탈자를 바로잡았다고 한다. 당시 세계 문명권이 필사의 수준을 벗어나지 못하고 있었던 상황에 견주면, 고려시대의 인쇄 수준은 상당한 것이다.

경판의 예술성이나 완성도도 각별하지만, 제작된 지 750년이 넘었음에도 뒤틀림이나 변형 없이 잘 보존되고 있는 점 역시 놀라운 일이다. 산벚나무와 돌배나무 등을 잘라 바닷물에 3년 동안 담갔다가 소금물에 쪄서 사용했고, 경판의 표면에 두세 번씩 옻칠을 했으며, 목판의 마구리 부분에 좀 더 두꺼운 나무를 대

고 네 모서리는 구리판으로 단단하게 고정한 것 등은 모두 습기와 벌레, 뒤틀림으로 인해 생길 수 있는 훼손을 피하기 위한 방책이다.

경판을 보관하고 있는 해인사 장경판전은 보존 과학의 우수성을 인정받고 있으며, 1995년 세계유산으로 등재되었다. 우리 선조들은 우수한 문화유산을 남기기도 하였지만, 문화유산 보존의 중요성 또한 깊이 인식하고 있었다.

해인사는 1232년부터 1251년까지 제작된 고려대장경판 말고도 1098년부터 1958년까지 오랜 시간에 걸쳐 제작된 불교 경전과 연구 논문, 불교 역사와 계율, 계율판, 고승의 문집, 불교 판화 등 5987매의 제경판諸經板을 소장하고 있다. 고려대장경판이 국가 차원에서 제작된 경판인데 비해, 제경판은 사찰에서 필요에 따라 만든 '사간판'으로 고려대장경판과 함께 세계기록유산으로 등재되었다. 제경판 가운데는 고려대장경판보다 앞서 만들어진 것으로 알려진 '화엄경 수창판'(1098년) 등도 포함되어 있다.

⊙ 고려대장경판 중 묘법연화경론경판. 고려대장경판을 만드는 데 사용한 나무는 한동안 자작나무로 알려졌으나 근래 과학적인 조사에 의해 대부분이 전국 어디서나, 특히 남해안 지역에서 쉽게 구할 수 있는 산벚나무와 돌배나무로 만들어졌음이 밝혀졌다.

⊙ 해인사 장경판전 판가에 두 줄로 차곡차곡 빼곡하게 쌓여 있는 고려대장경판. 대장경판의 마구리는 판이 뒤틀리지 않도록 경판 양쪽 가장자리에 좀 더 두꺼운 나무를 대고 다시 네 모서리는 구리판으로 감쌌는데 그 모습이 튼튼해 보이면서 아름답다.

동의보감

Dongeuibogam

동양 최고의 의학 백과사전

《동의보감東醫寶鑑》은 한국의 전통 의학인 '한의학韓醫學'의 기본 이론서이다. 지금까지도 적극 활용되고 있을 뿐만 아니라, 중국, 일본 등지에서도 여러 차례 간행되어 아시아 의학 발달에 큰 영향을 끼쳤다. 동의보감이 정리해놓은 한의학은 현대 의학의 관점에서도 받아들일 만한 이론이 많아 서양 의학의 대체 또는 동서양 의학의 통합 발전에 크게 기여할 것으로 기대되고 있다.

17세기 초까지 아시아에 전해온 모든 의학적 지식을 체계적으로 망라하고 있으며, 처방법만도 4000여 가지, 수천 가지 약용식물·동물·광물 등을 싣고 있으며, 물의 종류만도 무려 수십 가지로 구분하고 있다. 광범위한 분야에 걸쳐 다양한 내용을 담고 있기 때문에 의학계뿐만 아니라 체육학·식품영양학·요리학·서지학·종교학·한학·동양철학·천문학·과학·식물학 등 다양한 학계의 주요 자료가 되고 있다. 2009년 의학서로는 가장 먼저 세계기록유산에 등재되었다.

동의보감이 편찬된 것은 조선시대인 광해군 2년(1610)이다. 임진왜란 직후 백성들이 전염병 등으로 크게 고통 받자, 일반인도 쉽게 사용할 수 있도록 의학 지식, 치료 기술, 약물 재료 등을 정리하게 한 것이다. 명령을 받은 이는 왕의 주치의이자 '명의'로 이름이 높았던 허준이다. 허준은 조선시대에 천대받았던 서자 출신임에도 좌절하지 않고 남다른 노력으로 '어의(왕의 주치의)'라는 당대 최고의 의직에 오른 입지전적인 인물이기도 하다.

분량은 총 25책. 병의 원인과 진단, 치료약과 제조, 침과 뜸에 관한 다양한 지식을 다섯 부분으로 나누어 설명하고 있다. 인체를 이루는 본질적인 요소들을 설명한 '내경內景', 몸의 외부에서 관찰되는 인체 부위별 기능과 질병을 다룬

'외형外形', 질병 진단과 치료의 기본 원리를 설명한 '잡병雜病', 약재의 가공 처방 복용법을 다룬 '탕액湯液', 경락과 혈자리 및 침 시술법을 다룬 '침구鍼灸' 등이다.

《동의보감》 서두는 한 장의 도판으로 시작한다. 인체 내부의 장기 및 그 특징을 그린 그림(신형장부도身形臟腑圖)이지만, 장기의 배열을 보여주는 해부도가 아니라 인간의 신체가 음양오행이라는 동양철학 속에서 운행되고 있음을 보여주는 일종의 개념도이다. 인간은 자연을 반영한 소우주로서, 대우주 자연과 상응함을 천명하는 심오한 철학 정신도 담고 있다.

병의 예방을 병 치료에 앞세운 '양생養生' 개념, 질병과 치료에서 약물의 섭취 같은 외부적인 방법보다 마음의 수양에 치중하라는 등 정신적 측면을 깨우쳐주는 '총체적 접근법'도 주목받고 있다.

동의보감 목판. 19세기에 《동의보감》을 찍어내는데 사용하였던 목판으로 광곽(匡郭)이라고 부르는 사각형 인쇄면은 24×37센티미터로 전형적인 고서의 크기다. 한독의학박물관 소장.

《동의보감》 초간본. 우리나라뿐만 아니라 중국과 일본에서도 여러 차례 간행될 정도로 인기를 모은 《동의보감》은 아시아 의학 발달에 큰 영향을 끼쳤을 뿐만 아니라 현대 의학의 관점에서도 받아들일 만한 이론이 많아 동서양 의학의 통합 발전에 크게 기여할 것으로 기대되고 있다. 한독의학박물관 소장.

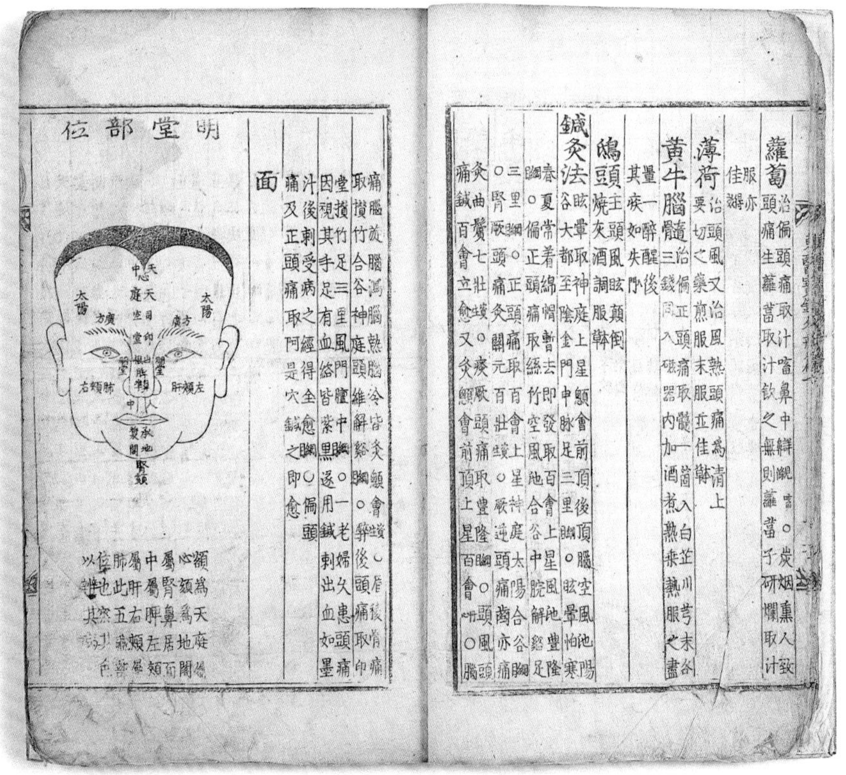

세계유산

1 석굴암 · 불국사

등재연도 1995년 12월
조성연대 774년(통일신라)

석굴암

종목 국보 제24호
소재지 경상북도 경주시 진현동 999
관람시간 연중무휴 07:00~17:30
문의 석굴암종무소(Tel. 054-746-9933)
홈페이지 http://www.sukgulam.org

불국사

종목 사적 제502호
소재지 경상북도 경주시 진현동 15
관람시간 연중무휴 07:00~17:30
문의 불국사종무소(Tel. 054-746-9913)
홈페이지 http://www.bulguksa.or.kr

2 해인사 장경판전

등재연도 1995년 12월
조성연대 1457년(조선 세조 3) 중창
종목 국보 제52호
소재지 경상남도 합천군 가야면 치인리 10
관람시간 연중무휴 07:00~17:30
문의 해인사종무소(Tel. 055-934-3000)
홈페이지 http://www.haeinsa.or.kr

3 종묘

등재연도 1995년 12월
조성연대 1395년(조선 태조 4)
종목 사적 제125호
소재지 서울특별시 종로구 종로 155
관람시간 한국어 안내 09:20~16:20
매시 20분 입장(3~9월 17:00 추가)
매주 토요일 자유관람
매주 화요일 휴관
문의 종묘관리소(Tel. 02-765-0195)
홈페이지 http://jm.cha.go.kr

4 창덕궁

등재연도 1997년 12월
조성연대 1405년(조선 태종 5)
종목 사적 제122호
소재지 서울특별시 종로구 율곡로 99
관람시간 4~10월 09:00~18:30
(11월, 3월 17:30까지,
12월~2월 17:00까지)
후원 전역은 정해진 시간에 입장,
해설사 안내를 받아 관람
매주 월요일 휴관
문의 창덕궁 관리사무소(Tel. 02-762-8261)
홈페이지 http://www.cdg.go.kr

5 화성

등재연도 1997년 12월
조성연대 1796년(조선 정조 20)
종목 사적 제3호
소재지 경기도 수원시 장안동, 신풍동,
매향동, 팔달로 일원
관람시간 연중무휴
하절기 09:00~18:00
동절기 09:00~17:00
문의 화성사업소(Tel. 031-228-4410~2)
홈페이지 http://hs.suwon.ne.kr

6 경주역사유적지구

등재연도 2000년 12월
조성연대 신라시대
소재지 경상북도 경주시 전역
문의 경주시 문화관광과(Tel. 054-779-6396)
홈페이지 http://culture.gyeongju.go.kr

7 고창 · 화순 · 강화 고인돌 유적

등재연도 2000년 12월
조성연대 청동기시대

고창 고인돌 유적

종목 고창지석묘군(사적 제391호)
소재지 전라북도 고창군 죽림리와 도산리,
아산면 상갑리 일대
문의 고창 고인돌박물관(Tel. 063-560-2576)
홈페이지 http://www.gcdolmen.go.kr

화순 고인돌 유적

종목 화순 효산리 및 대신리 지석묘군
(사적 제410호)
소재지 전라남도 화순군 도곡면 효산리와
춘양면 대신리 일대
홈페이지 http://www.dolmen.or.kr

강화 고인돌 유적

종목 강화지석묘(사적 제137호)
내가지석묘(인천광역시기념물 제16호)
강화 대산리고인돌(인천광역시기념물 제31호)
강화 부근리점골지석묘(인천광역시기념물 제32호)
소재지 인천광역시 강화군 부근리, 삼거리,
오상리 등의 지역
문의 강화군청 문화관광과
(Tel. 032-930-3626~8)
홈페이지 http://tour.ganghwa.incheon.kr

8 제주 화산섬과 용암동굴

등재연도 2007년 7월
종목 한라산(천연기념물 제182호)
김녕굴 및 만장굴(천연기념물 제98호)
벵뒤굴(천연기념물 제490호)
당처물굴(천연기념물 제384호)
용천동굴(천연기념물 제466호)
성산 일출봉(천연기념물 제420호)
소재지 제주특별자치도 한라산 정상 천연보호구역과
제주시 구좌읍 일원 거문오름 용암동굴계,
서귀포시 성산읍 성산리 일출봉 일원
문의 세계자연유산 제주(Tel. 064-710-6576)
홈페이지 http://jejuwnh.jeju.go.kr

9 조선왕릉

등재연도 2009년 6월
조성연대 1408년~1926년
종목 사적 제193호~제210호
소재지 서울특별시, 경기도 구리 · 남양주 · 여주 ·
고양 · 파주 · 양주 · 김포 · 화성, 강원도 영월 일원
관람시간 3~10월 06:00~18:30,
11~2월 06:30~17:30
매주 화요일 휴관
문의 조선왕릉전시관(Tel. 02-972-0370)
홈페이지 http://royaltombs.cha.go.kr

10 한국의 역사 마을 하회와 양동

등재연도 2010년 7월
조성연대 조선시대

하회마을

종목 중요민속자료 제122호
소재지 경상북도 안동시 풍천면 하회리
문의 (사)안동하회마을보존회(Tel. 054-853-0109)
홈페이지 http://www.hahoe.or.kr

양동마을

종목 중요민속자료 제189호
소재지 경상북도 경주시 강동면 양동리
문의 경주양동마을(Tel. 054-779-6105)
홈페이지 http://yangdong.invil.org

인류무형유산

1 종묘제례 및 종묘제례악

등재연도 2001년 5월
연대 조선시대
종목 중요무형문화재 제56호와 제1호
관람 매년 5월 첫째 일요일, 종묘
문의 (사)종묘제례보존회(Tel. 02-765-2124)
종묘관리소(Tel. 02-765-0195)
홈페이지 http://www.jongmyo.net
(종묘제례보존회)

2 판소리

등재연도 2003년 11월
연대 조선 중기 이후
종목 중요무형문화재 제5호
문의 고창판소리박물관(Tel. 063-560-2761)
홈페이지 http://www.pansorimuseum.com

3 강릉단오제

등재연도 2005년 11월
연대 조선시대
종목 중요무형문화재 제13호
관람 매년 5~6월(음력 4월 5일~5월 5일)
문의 (사)강릉단오제위원회
(Tel. 033-641-1593~4)
홈페이지 http://www.danojefestival.or.kr

4 강강술래

등재연도 2009년 9월
연대 민족 고유 유래 또는 임진왜란 발생설
종목 중요무형문화재 제18호
문의 (사)해남우수영강강술래보존회
(Tel. 061-533-8810)
홈페이지 http://www.ggsr.kr

5 남사당놀이

등재연도 2009년 9월
연대 조선 후기
종목 중요무형문화재 제3호
문의 남사당놀이보존회(Tel. 02-557-3880)
홈페이지 http://www.namsadang.or.kr

6 영산재

등재연도 2009년 9월
종목 중요무형문화재 제50호
문의 봉원사 영산재보존회(Tel. 02-392-3007)
홈페이지 http://bongwonsa.or.kr

7 제주칠머리당영등굿

등재연도 2009년 9월
종목 중요무형문화재 제71호
문의 제주칠머리당굿보존회(Tel. 064-753-7812)

8 처용무

등재연도 2009년 9월
종목 중요무형문화재 제39호
홈페이지 http://www.youtube.com/v/
hz38uVwbuZc&hl=ko_KR&fs=1&

9 가곡

등재연도 2010년 11월
연대 조선시대
종목 중요무형문화재 제30호
문의 가곡전수관(Tel. 055-221-0109)
홈페이지 http://igagok.org

10 대목장

등재연도 2010년 11월
종목 중요무형문화재 제74호

11 매사냥

등재연도 2010년 11월
종목 전라북도 무형문화재 제20호
대전광역시무형문화재 제8호
문의 한국민속매사냥보존회(Tel. 063-433-6760)
한국전통매사냥보존회(Tel. 042-272-5314)
홈페이지 http://www.falconry.kr
(한국민속매사냥보존회)
https://www.kfa.ne.kr:44302/
(한국전통매사냥보존회)

세계기록유산

1 훈민정음

등재연도 1997년 10월
제작연대 1446년(조선 세종 28)
종목 국보 제70호
소장처 서울특별시 성북구 성북동 간송미술관
문의 간송미술관(Tel. 02-762-0442)
홈페이지 http://www.hangul.or.kr

2 조선왕조실록

등재연도 1997년 10월
제작연대 조선시대
종목 국보 제151호
소장처 서울대학교 규장각한국학연구원,
국가기록원 부산지원
문의 규장각한국학연구원(Tel. 02-886-5316)
국가기록원 부산지원(Tel. 051-550-8001)
홈페이지 http://sillok.history.go.kr
http://kyujanggak.snu.ac.kr
(규장각한국학연구원)
http://www.archives.go.kr
(국가기록원)

3 직지심체요절

등재연도 2001년 9월
제작연대 1377년(고려 우왕 3)
소장처 프랑스 국립도서관
문의 고인쇄박물관(Tel. 043-269-0556)
홈페이지 http://www.jikjiworld.net (고인쇄박물관)

4 승정원일기

등재연도 2001년 9월
제작연대 조선시대
종목 국보 제303호
소장처 서울대학교 규장각한국학연구원
문의 규장각한국학연구원(Tel. 02-886-5316)
홈페이지 http://kyujanggak.snu.ac.kr

5 조선왕조의궤

등재연도 2007년 6월
제작연대 조선시대
소장처 서울대학교 규장각한국학연구원
한국학중앙연구원 장서각
문의 규장각한국학연구원(Tel. 02-886-5316)
한국학중앙연구원 장서각
(Tel. 031-709-8111)
홈페이지 http://kyujanggak.snu.ac.kr
(규장각한국학연구원)
http://lib.aks.ac.kr/web
(한국학중앙연구원 장서각)

6 해인사 고려대장경판 및 제경판

등재연도 2007년 6월
제작연대 고려대장경판(고려, 1011~1251)
제경판(고려 · 조선)
종목 고려대장경판(국보 제32호)
제경판(국보 제206호)
소장처 경상남도 합천군 가야면 치인리 10
문의 해인사종무소(Tel. 055-934-3000)
홈페이지 http://www.haeinsa.or.kr (해인사)
http://www.sutra.re.kr (고려대장경연구소)

7 동의보감

등재연도 2009년 10월
제작연대 1613년(초판 완질 어제본)
종목 보물 제1085호, 보물 제1085-2호
소장처 국립중앙도서관, 한국학중앙연구원 장서각
문의 국립중앙도서관(Tel. 02-535-4142)
한국학중앙연구원 장서각(Tel. 031-709-8111)
허준박물관(Tel. 02-3661-8686)
홈페이지 http://www.heojunmuseum.go.kr

참고문헌

《동궐도 읽기》, 문화재청 창덕궁관리소, 2005.

《유네스코 지정을 위한 제주도 자연유산지구 학술 조사 보고서》, 제주도, 제주문화예술재단, 2003.

《제주 화산섬과 용암동굴, 제주 세계자연유산 등재 신청 기념 사진전》, 제주도, 2006.

《청소년과 함께하는 세계유산》, 유네스코한국위원회, 2007.

《한국사 시민강좌》 제23집, 일조각, 1988.

《한국의 세계문화유산》, '97문화유산의 해 조직위원회, 삼성문화재단, 1997.

《한국의 세계유산》, 문화재청, 2002.

《한국의 역사 마을 하회와 양동》, 세계유산 등재 신청서, 문화재청, 2010.

《Jeju Volcanic Island Lava Tubes – A Candidate for World Heritage Inscription》, 문화재청, 제주도, 2006.

《Memory of the World Register Nomination Form 'Uigwe, Records of Royal Protocols in the Court of Joseon Dynasty'》, 문화재청, 2006.

《Memory of the World Register Nomination Form 'The Printing Woodblocks of the Tripitaka Koreana and Miscellaneous Buddhist Scriptures'》, 문화재청, 2006.

강석경, 《천년 서라벌을 가다》, 경주시, 2007.

강정효, 《한라산》, 돌베개, 2003.

국립문화재연구소 엮음, 《문화유산에 숨겨진 과학의 비밀》, 고래실, 2007.

국립문화재연구소 편, 《역사의 숲, 조선왕릉》, 눌와, 2007.

김동욱, 《실학 정신으로 세운 조선의 신도시, 수원 화성》, 돌베개, 2002.

김동욱, 《종묘와 사직》, 대원사, 1990.

김문식 · 신병주, 《조선 왕실 기록문화의 꽃, 의궤》, 돌베개, 2005.

김봉렬, 《시대를 담는 그릇》, 이상건축, 1999.

김찬곤, 《우리 민족문화 상징 100》, 한솔수북, 2006.

문화재청 엮음, 《수난의 문화재》, 눌와, 2008.

박상래, 《교과서 속 국보 따라잡기》 1 · 2, 이치, 2006.

신명호, 《조선 왕실의 의례와 생활, 궁중 문화》, 돌베개, 2002.

신병주, 《조선 최고의 명저들》, 휴머니스트, 2006.

유광수 · 이완형 · 홍순일 · 조도현 · 이대중, 《전통문화의 세계》, MJ미디어, 2006.

유홍준, 《유홍준의 한국미술사 강의》, 눌와, 2010.

이병유, 《왕에게 가다》, 지오마케팅, 2009.

이상해 · 황헌만, 《전통역사마을 하회》, 문화재청, 2010.

이상해 · 황헌만, 《전통역사마을 양동》, 문화재청, 2010.

이성재, 《재미있는 국악 길라잡이》, 서울미디어, 1994.

이영문 · 신경숙, 《세계유산 고창고인돌》, 고창군 · 동북아지석묘연구소, 2009.

전국역사교사모임, 《살아 있는 한국사 교과서》 1 · 2, 휴머니스트, 2002.

정목일, 《우리가 알아야 할 한국의 아름다움 77가지》, 세계문예, 2005.

최정호, 《한국의 문화유산》, 나남출판, 2004.

최종덕, 《조선의 참 궁궐 창덕궁》, 눌와, 2006.

최중식 외, 《유네스코가 보호하는 우리 문화유산 열두 가지》, 시공사, 2002.

한국문화유산답사회 엮음, 《답사여행의 길잡이 7 – 경기 남부와 남한강》, 돌베개, 1996.

한국문화유산답사회 엮음, 《답사여행의 길잡이 11 – 한려수도와 제주도》, 돌베개, 1999.

한국문화유산답사회 엮음, 《답사여행의 길잡이 13 – 가야산과 덕유산》, 돌베개, 2000.

한국문화유산답사회 엮음, 《답사여행의 길잡이 15 – 서울》, 돌베개, 2004.

한문희, 《한글의 슬기와 세종대왕》, 꿈이있는세상, 2005.

홍순민, 《우리 궁궐 이야기》, 청년사, 1999.

KBS 역사스페셜 제작팀, 《역사스페셜》 1~7, 효형출판, 2000~2004.